Ship : Motive Power that Changed the World

There is a saying that goes, "A ship in harbor is safe, but that is not what ships are built for." Mankind embarked with all sails set to reach new lands. The invention of the ship was important because it made transportation much easier and quicker.

Mankind also constantly tried to exploit motive power. And as steam and diesel engines were developed, ships, cars, trains, airplanes and robots were made. In the future, we will see larger and stronger ships.

Without motive power, mankind would be living in a different way today. Perhaps, mankind would have stayed in the primitive times.

Motive power has a very important presence in the history of mankind. So earlier, I prepared a series of books called *Motive Power that Changed the World*, with a follow-up on this series with my new book, *Ship*.

Ships have been important contributors to human migration and commerce. Ship transport is responsible for the largest portion of world commerce. Ships have also served scientific, cultural, and humanitarian needs. But, It has many, many negative effects. Ships have supported the spread of colonization and the slave trade.

The book not only tells about the history of the ship, but is also filled with the stories of the sciences, technology, politics, economy, society, and culture that changed along with the development of ships. We can learn how the world has evolved in accordance with the development and history of ships. I wrote a story about people who suffered from the destruction of their natural habitats as a result of the inexorable advances of the ship.

In this book, you can meet many great men in ship history and understand how the human race has developed.

Positive uses can help advance the human race, creating a more prosperous, healthier and better world.

So, let's travel around the world to meet the surprising and wonderful world of ships. Read this book and practice arranging your thoughts logically and imaginatively!

In the Text

1. Struggles of mankind in the non-motive power era

2. Vroom! Vroom! power ship

3. How are ships made?

4. How do ships float?

5. Advancement of civilization with ships

6. The Silk Voyage

7. Charting a New Course for civilization

8. Trading ships changing the way we eat

9. Saving the sea!

10. Thankful ships

11. Dangerous ships

12. Future ships

어린이를 위한
배와 항해 이야기

세상을 바꾼 동력 5
어린이를 위한 배와 항해 이야기
Ship : Motive Power that Changed the World

1판 1쇄 2018년 10월 25일
1판 3쇄 2021년 8월 30일

글 김남길
그림 끌레몽

펴낸이 박현진
펴낸곳 (주)풀과바람
주소 경기도 파주시 회동길 329(서패동, 파주출판도시)
전화 031) 955-9655~6
팩스 031) 955-9657
출판등록 2000년 4월 24일 제20-328호
홈페이지 www.grassandwind.co.kr
이메일 grassandwind@hanmail.net

편집 이영란
디자인 박기준
마케팅 이승민

ⓒ 글 김남길, 그림 끌레몽, 2018

이 책의 출판권은 (주)풀과바람에 있습니다.
저작권법에 의해 보호를 받는 저작물이므로 무단 전재와 복제를 금합니다.

값 11,000원
ISBN 978-89-8389-758-9 73500

※ 잘못 만들어진 책은 구입처에서 바꾸어 드립니다.

이 도서의 국립중앙도서관 출판예정도서목록(CIP)은 서지정보유통지원시스템 홈페이지(seoji.nl.go.kr)와
국가자료공동목록시스템(www.nl.go.kr/kolisnet)에서 이용하실 수 있습니다. (CIP제어번호: CIP2018026322)

	제품명 어린이를 위한 배와 항해 이야기	**제조자명** (주)풀과바람	**제조국명** 대한민국	⚠ **주의**
	전화번호 031)955-9655~6	**주소** 경기도 파주시 회동길 329		어린이가 책 모서리에 다치지 않게 주의하세요.
	제조년월 2021년 8월 30일	**사용 연령** 8세 이상		
	KC마크는 이 제품이 공통안전기준에 적합하였음을 의미합니다.			

어린이를 위한
배와 항해 이야기

김남길 · 글 | 끌레몽 · 그림

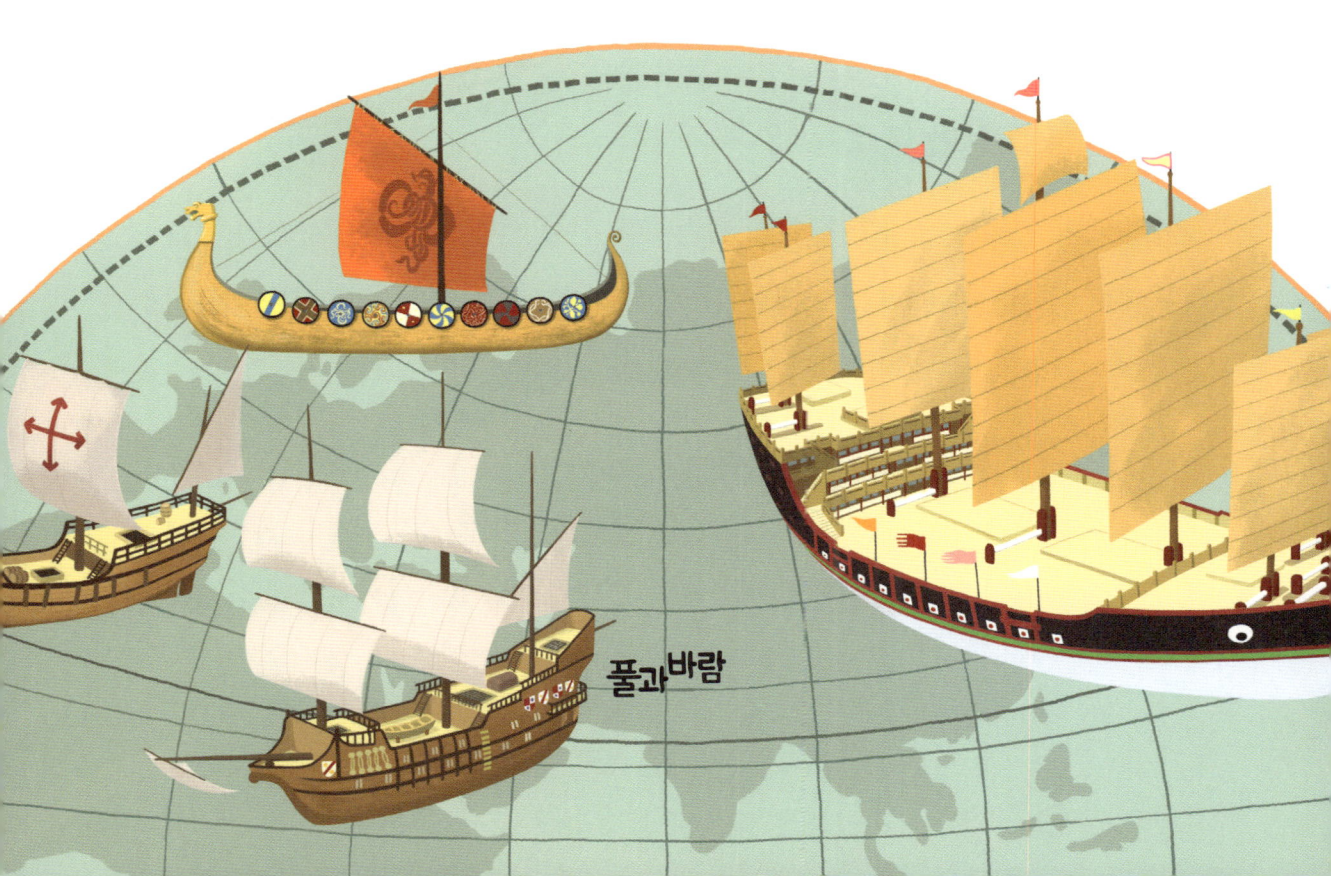

풀과바람

머리글

문명을 실어 나르는 배

　배와 인류는 역사를 같이해 왔습니다. 선사 시대부터 물과 사람이 있는 곳에는 언제나 배가 따라다녔습니다. 배는 인류를 모든 대륙으로 이동시켜 준 위대한 '탈것'이니까요. 더욱이 배는 대양 사이의 신대륙을 발견시켜 주고, 지구가 둥글다는 것을 최초로 확인시켜 준 이동 수단이었답니다.

　배의 발달은 더딘 편이었지만, 인류에게 베풀어 준 공헌만큼은 최고입니다. 한 척의 배는 단순히 짐이나 사람을 실어 나르는 운송 수단에 그치지 않았어요. 세상을 요지경으로 바꾸어 준 '문명'의 선구자가 바로 배니까요.

현대 문명의 고도화된 산업 사회는 선박의 쉼 없는 활동 덕분이에요. 지구촌은 하나의 상품 시장입니다. 세계 경제는 무역을 통해 서로에게 부족한 것들을 사고팔며 채워나가지요. 선박은 그 중개자 역할을 충실히 하며 우리의 삶을 편리하게 해 주고 있습니다.

그러나 배가 문명의 동반자를 자처하며 긍정적인 발전만 가져다준 것은 아닙니다. 역사적으로 보았을 때 배는 못된 짓들을 많이 했어요.

제국주의의 앞잡이가 되어 인간이 다른 나라들을 침략하고 무력으로 짓밟는 것을 도왔지요. 원주민 학살, 인간의 노예화, 고대 문명 파괴, 식민지 건설 등은 배를 탄 과거의 사람들이 밥 먹듯이 저지른 나쁜 행위들이랍니다.

그런데도 오늘날 배는 우리에게 없어서는 안 되는 등불 같은 존재입니다. 바다가 있기에 영해가 있고, 영해가 있기에 나라를 지키는 배가 있으니까요.

이처럼 배는 좋은 점과 나쁜 점을 동시에 가지고 있습니다. 이제는 배가 부디 우리를 행복하게 해 주는 위대한 탈것으로 남아주기를 바랍니다. 그 여정을 여러분이 함께하길 기대합니다.

김남길

차례

01 힘들구나, 무동력 시대 · 10

무동력선의 발달 · 12
나무배의 등장 · 14
항해의 일등공신, 돛단배 · 16
한국의 배 · 18

02 부릉부릉 동력선 · 20

내연 기관의 힘 · 22
다양한 배 · 24
배를 크게 만드는 이유 · 26

03 배를 어떻게 만들까? · 28

배 제작 과정 · 29

 배는 어떻게 뜨지? · 34

중력과 부력 · 35
부력은 물체의 밀도에 영향을 받아요 · 36
아르키메데스의 원리 · 38
배의 무게 · 40
배가 안전하려면 · 41

 문명을 배달하는 배 · 42

인류의 대이동 · 43
4대 문명의 탄생 · 46
남아메리카의 고대 문명 · 48

 바다의 실크 로드 · 50

실크 로드란? · 51
바다의 실크 로드 · 52
차이나 로드 · 54
지중해의 바닷길 · 55
벽란도로 이어진 바다의 실크 로드 · 56

07 동서양의 문명을 바꾼 항로 개척 · 58

너른 바다로 바다로! · 60
신항로 개척의 일등 공신들 · 62
해양 시대의 선두 주자 · 64
바다를 버린 중국 · 66

08 식탁을 바꾼 무역선 · 68

작물의 이동 · 69
삼각 무역 · 71

09 바다를 지켜라 · 72

해적질을 하라! · 74
보물섬 카리브해 · 76
떠오르는 영국 · 77
모두가 내 땅이다 · 78
배타적 경제 수역 · 80

10 고마운 배 • 82

선박 님, 고마워요 • 83
선박들이 바쁘면 항구도 바빠요 • 84

11 위험한 배 • 86

눈에 안 보이는 무기 • 88
식량이 중요해요 • 89
꿩 대신 닭이라고? • 90
쌀 떨어졌어요 • 92

12 미래의 배 • 94

특수선의 발달 • 96
쇄빙 유조선 • 97
바다의 여객선 • 98
위그선과 잠수정 • 100
떠다니는 섬 • 102

배 관련 상식 퀴즈 • 104
배 관련 단어 풀이 • 107

01 힘들구나, 무동력 시대

배를 '선박'이라고도 해요. 배는 '탈것' 중에서 유일하게 바퀴가 없습니다. 물에 뜬 채 미끄러지듯이 움직이지요.

예부터 배를 따라 문명이 전해졌습니다. 인류와 배는 한 몸처럼 움직이며 강과 바다를 건너 문명을 일구어 나갔지요.

인류는 약 4만 5천여 년 전부터 배를 이용했어요. 이때의 배는 오직 사람이나 바람의 힘으로 움직이는 무동력선이었답니다. 무동력선이 어떻게 발달해 왔는지 살펴볼까요?

무동력선의 발달

뗏목

인류는 나무가 '물에 뜬다.'는 것을 알아차리고 통나무나 대나무를 편편하게 엮어서 배를 만들었어요.

카누

배의 모양을 갖춘 최초의 선박으로, 노로 젓는 작은 배입니다. 세계 여러 민족이 통나무를 파거나 나무껍질, 동물의 가죽 등으로 만들어 이용했어요.

카약

'이누이트'가 사용한 데에서 유래한 배입니다. 나뭇가지나 동물의 뼈로 배의 뼈대를 만든 뒤 가죽을 씌워서 완성해요. 이누이트는 카약을 타고 다니며 물개와 일각돌고래를 잡았어요.

갈대배

갈대나 골풀 등을 엮어서 만든 배예요. 이집트 나일강의 파피루스 배, 페루와 볼리비아에 걸쳐 있는 티티카카 호수의 갈대배가 유명해요.

나무배의 등장

배는 뗏목, 가죽 배 등 원시적인 형태를 거쳐, 재료를 가공하여 조립하는 구조선으로까지 발달했어요. 오늘날과 비슷한 형태의 배는 기원전 3000년쯤 이집트와 메소포타미아에서 나타났습니다. 돛을 달고 노를 장착한 배로 이집트 사람들이 지중해를 항해했다고 해요.

나무를 판판하게 켜서 만든 나무배(목조선)는 세계적으로 오랫동안

쓰였답니다. 나무배는 배의 뼈대를 이루는 용골과 갑판이 생기면서 크기도 커져요. 노와 돛 등 다양한 도구가 만들어지고, 배 만드는 기술이 발달하면서 배는 점점 튼튼하고 커졌습니다.

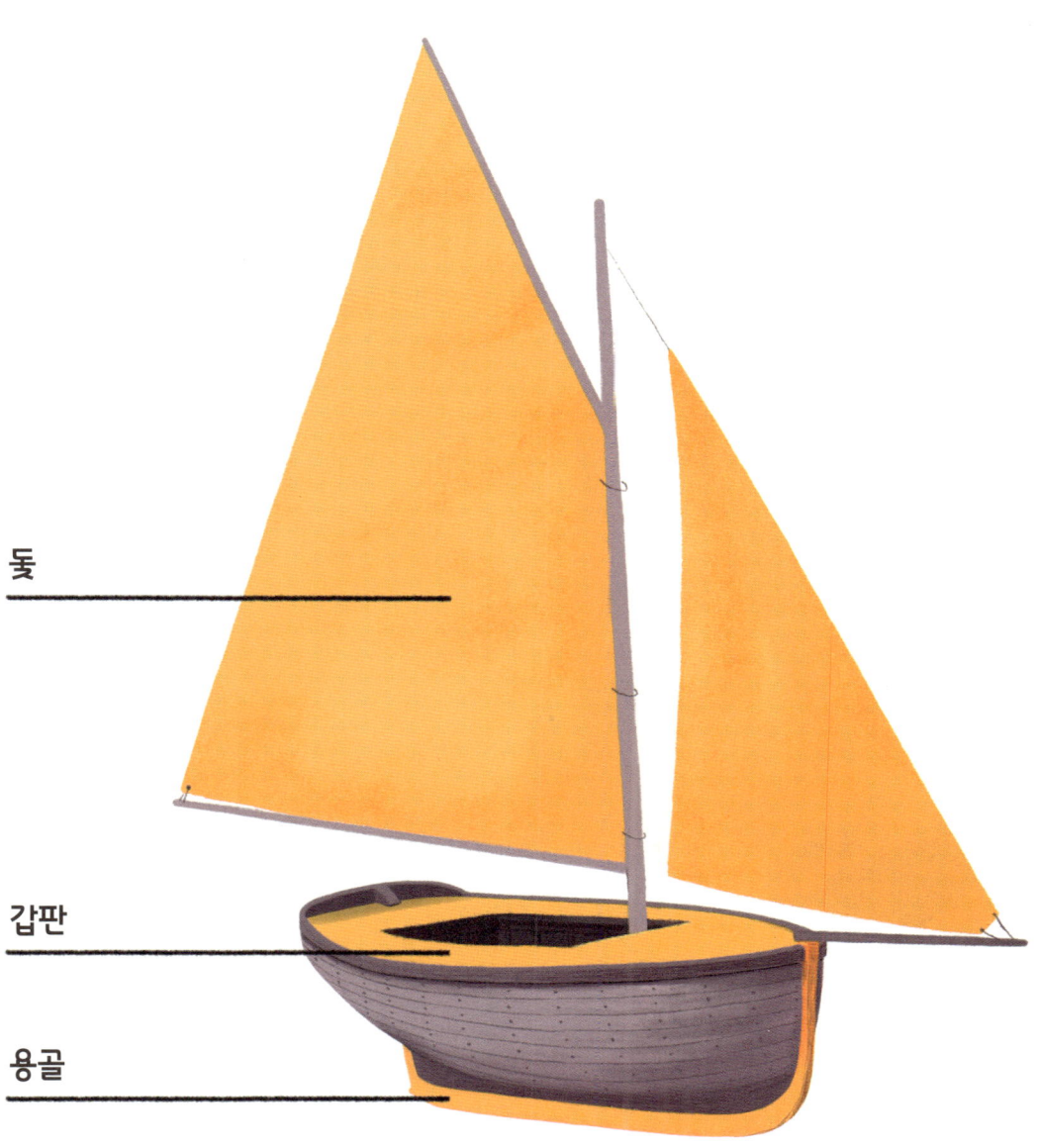

돛

갑판

용골

항해의 일등 공신, 돛단배

돛단배는 '범선'으로 불려요. 범선 덕분에 인류는 강이나 호수를 더욱 쉽게 건너고, 바다를 새로운 활동 무대로 삼을 수 있었어요.

고대, 중세에는 지중해 연안에서 '갤리'로 불리는 전선(전투에 쓰는 배)이 나타납니다. 전선으로는 스칸디나비아반도를 주름잡던 바이킹선도 빼놓을 수 없지요.

동양에서는 중국의 정크가 위세를 떨쳤습니다. 정크는 유럽의 범선보다 훨씬 큰 규모를 자랑했지요.

15~17세기, 유럽의 범선은 카라벨, 카라크, 갤리언선 등 다양한 형태로 발전하며 대항해 시대의 주역이 됩니다.

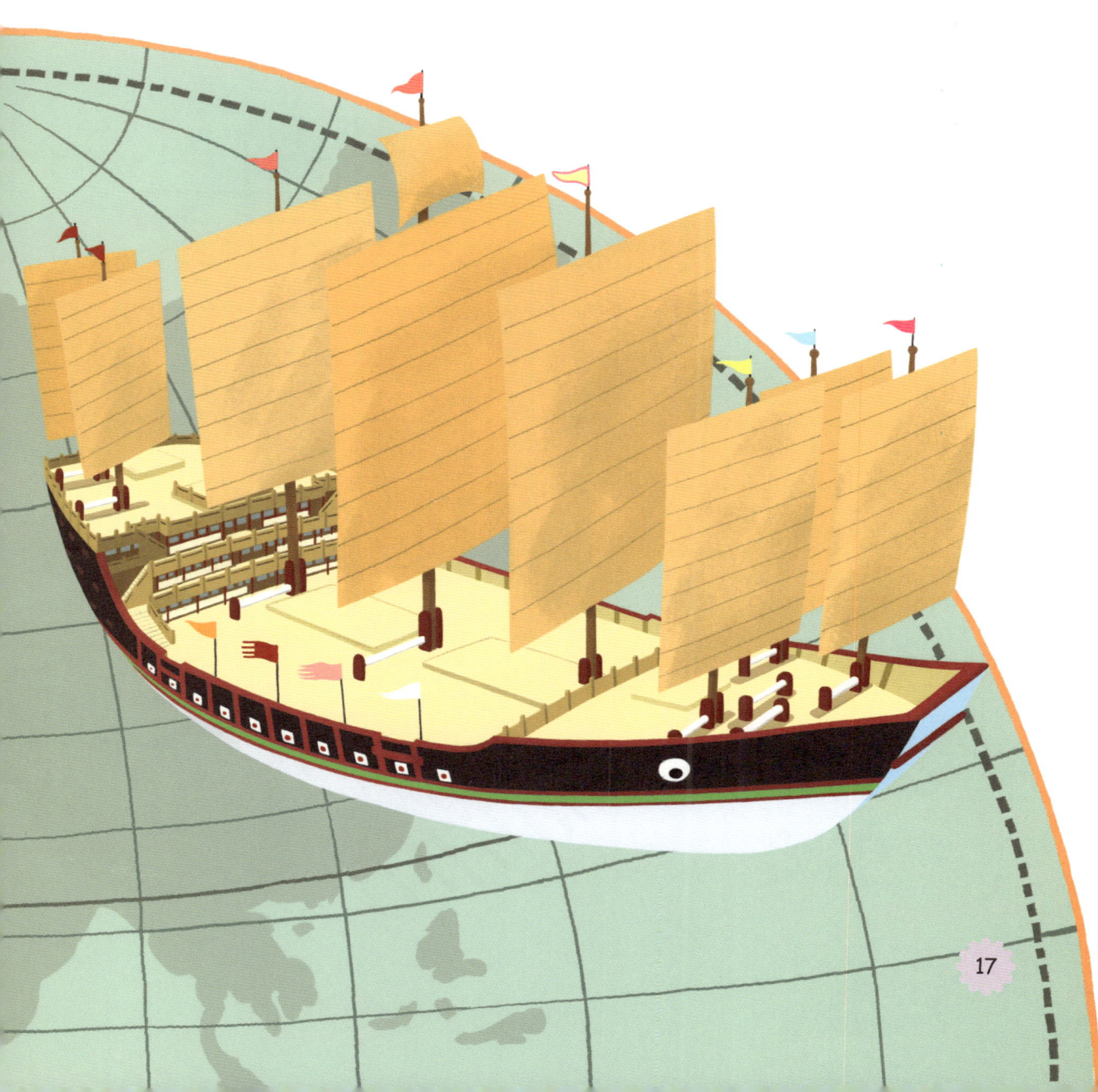

한국의 배

우리나라는 삼면이 바다로 둘러싸인 까닭에 일찍부터 배를 중요한 교통수단으로 사용했어요. 고조선 시대부터 삼국 시대에는 바다 건너 여러 나라와 왕래했지요. 특히 통일 신라 때에는 장보고가 전라남도 완도에 청해진을 설치하고, 당나라와 일본 사이에서 해상 무역을 주도했습니다.

이때부터 우리 자연환경과 지리적 특성에 맞춘 배가 발달하기 시작했어요. 배의 밑부분을 평평하게 했는데, 썰물과 밀물의 차이가 큰 서남 해안에 적응하기 위해서랍니다.

또한 판옥선과 거북선 등을 개발하여 임진왜란과 같은 어려움을 이겨 내면서 자주적인 우리 배의 역사를 이어갔습니다. 판옥선은 배 밑바닥이 판판하여 급회전에 유리했고, 거북선은 빠른 돌격선이었답니다.

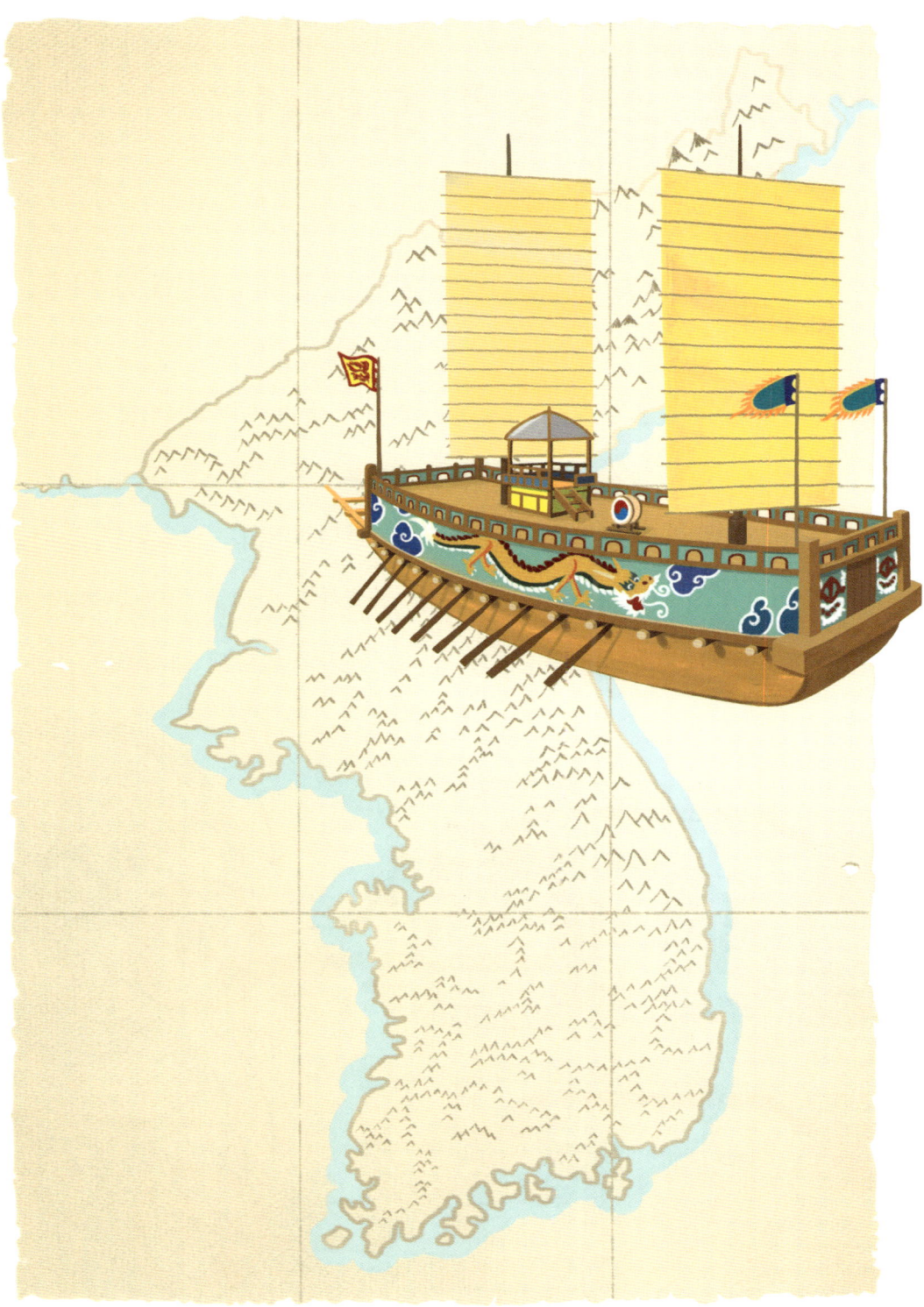

02 부릉부릉 동력선

　제임스 와트가 압축 증기 기관을 개발하면서 동력의 시대를 열었어요. 증기 기관이 사람과 바람의 힘을 대신하기 시작한 거예요.

　새로이 탄생한 증기선은 선체에 물레방아를 달아서 회전시키는 방식이었어요. 장거리 항해에 취약하여 돛을 달아 함께 이용했지요.

　돛단배에서 증기선으로 바뀌는 일은 쉽게 이루어지지 않았어요. 그러나 증기선의 성능이 꾸준히 좋아지면서 차츰차츰 자리를 잡아갔습니다. 1838년에는 영국의 시리우스호가 완전히 증기의 힘으로 대서양을 건넜답니다.

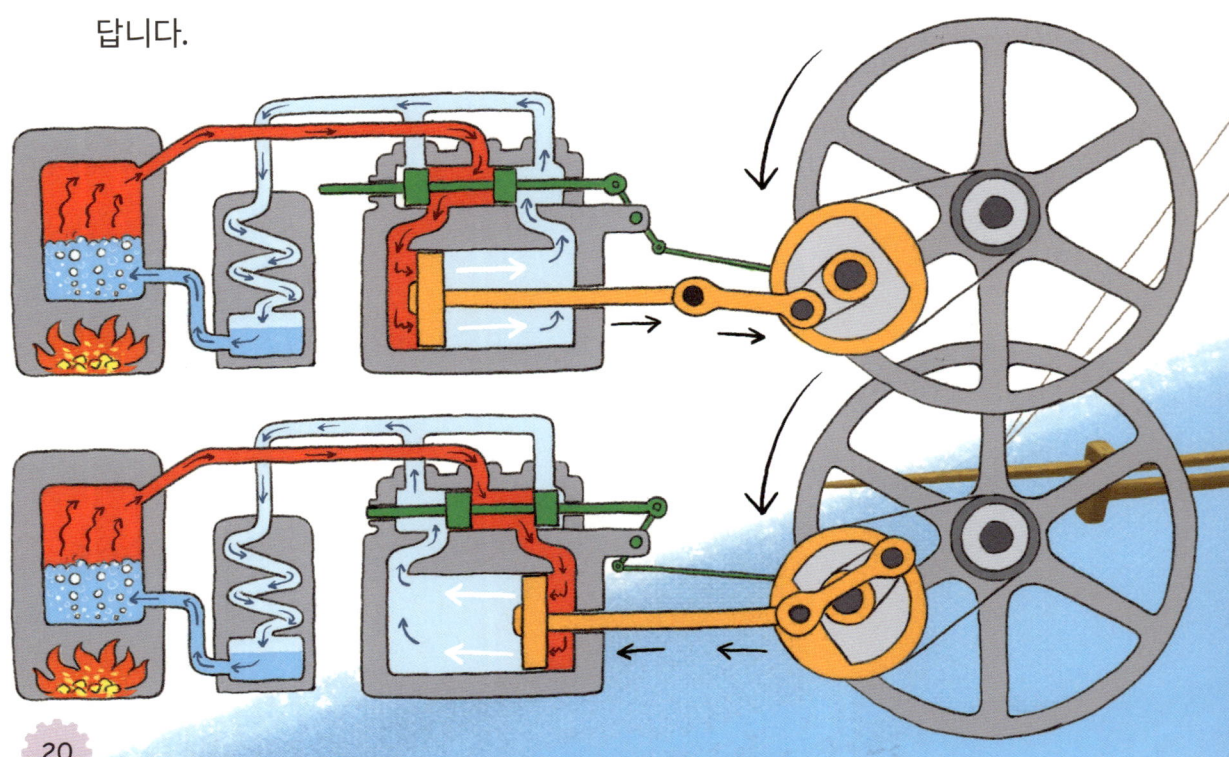

내연 기관의 힘

기름을 사용하는 내연 기관의 탄생으로 배는 더욱 커지고 빨라집니다. 현대의 배들은 디젤 기관의 힘으로 프로펠러를 돌려서 추진력을 얻지요. 쾌속선은 해상에서 70~100킬로미터의 빠른 속도를 자랑하기도 합니다.

1노트 = 1시간 동안 1해리(=1852미터)를 움직인 속도

배의 속도를 나타내는 단위는 '노트(knot)'여요. 1노트는 한 시간에 1852미터를 달리는 속도입니다. 30노트의 속도로 항해하는 배는 한 시간에 약 55킬로미터를 갈 수 있지요.

컨테이너선
상품이 담긴 컨테이너를 운송합니다.

유조선
원유를 싣고 다녀요.

다양한 배

　너른 바다를 살펴보아요. 10만 톤이 넘는 대형 선박들이 바삐 항해합니다. 배마다 크기와 선체의 모양이 다릅니다. 각각 화물의 용도에 적합한 구조로 설계되었기 때문이죠.

배를 크게 만드는 이유

현대의 대형 선박들은 규모가 아주 큽니다. 10만 톤의 배는 축구장 하나의 면적과 넓이가 비슷해요. 닻 1개의 무게만 30톤에 이르고, 닻에 연결되는 쇠사슬 고리 1개의 무게가 160킬로그램 정도입니다. 그런데 최근 축구장 4개를 이어 붙인 크기의 배가 건조되기도 했어요.

어마어마하지요? 배를 크게 만드는 이유는 화물의 운송 효율이 높고 경제적이기 때문이에요. 배가 클수록 대량의 화물을 실을 수 있으니까요. 해상 운송에서는 화물을 많이 싣고 멀리 갈수록 운송비가 싸진답니다.

03 배를 어떻게 만들까?

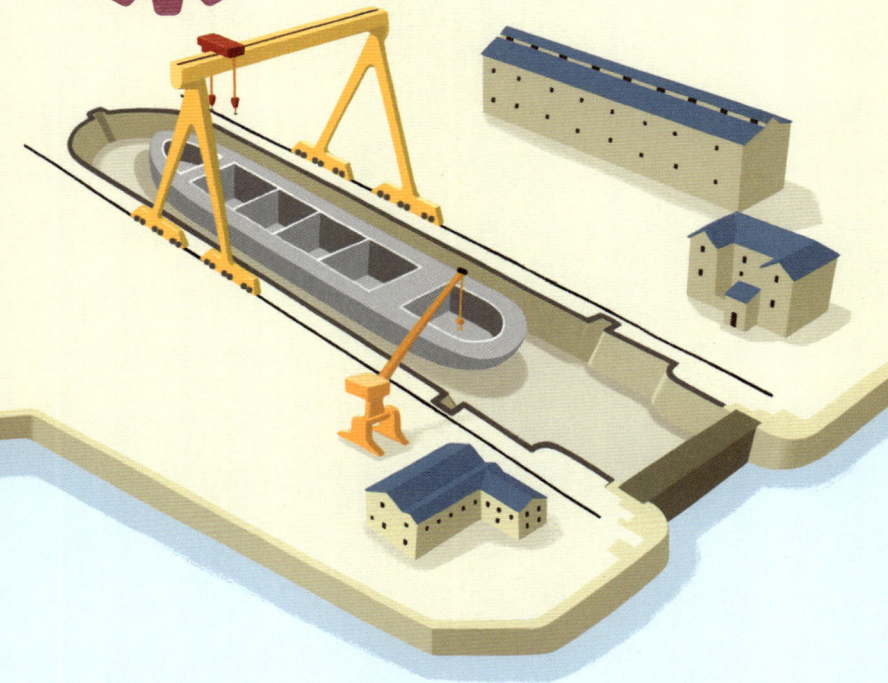

배를 설계하여 만드는 것을 '조선(造船)'이라고 해요. 호텔이나 창고 같은 역할을 하는 커다란 배를 만들려면 필요한 재료도 다양하고, 만드는 과정도 매우 복잡하답니다. 그래서 얼마나 큰 배를 잘 완성하느냐가 그 나라의 공업과 기술의 수준을 나타내기도 하지요.

우리나라의 조선업 기술과 규모는 세계 최고 수준이에요. 1970년대 세계 10대 조선국으로 도약했고, 1980년대에는 세계에서 다섯 번째 안에 드는 배 수출국이 되었답니다.

현재 한국과 중국, 일본은 선박 건조량에서 선두 다툼을 벌이고 있어요. 하지만 특수선은 대부분 한국에서 건조하고 있답니다.

배 제작 과정

조선소에서는 골리앗 크레인들이 쉬지 않고 움직여요. 배를 만드는 데에는 일꾼도 많이 필요하지요. 보통 여러 개의 블록을 따로 제작하여 큰 배를 만들어요. 그 과정을 살펴볼까요?

❶ 설계
배의 용도에 맞게 큰 그림을 자세히 그립니다.

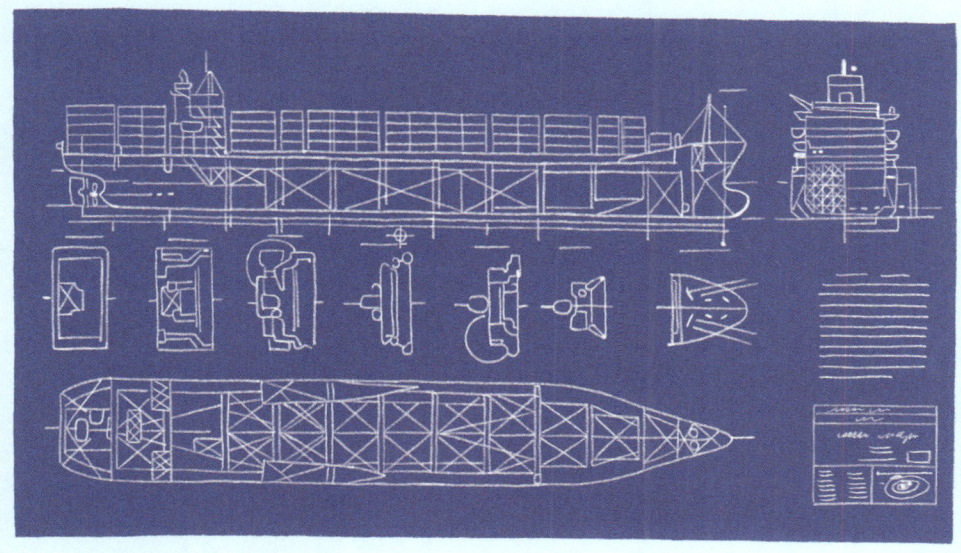

❷ **강판 자르기**
너른 철판을 부분적으로 자릅니다.

❸ **블록 만들기**
자른 철판들을 붙여 커다란 덩어리로 만들어요.
그 덩어리를 블록이라고 해요.

❸

❹

4 블록 조립
골리앗 크레인으로 블록들을 차례로 옮겨 조립해서 배를 완성합니다.

5 도장
선체에 바닷물과 햇빛에 강한 페인트를 바릅니다.

❻ 진수

바다에 새로 만든 배를 처음 띄웁니다. 배 내부 장치를 설치하고 확인해요.

❼ 시험 항해
배를 운전해 보면서 각 기관이 잘 작동하는지 배의 상태를 점검해요.

❽ 인도
배가 완성되면 이름을 짓고, 선주에게 배를 넘겨줍니다.

04 배는 어떻게 뜨지?

아무리 크고 무거운 배라도 물에서는 오리처럼 떠 있습니다. 쇳덩이로 만들어진 배는 어째서 가라앉지 않는 걸까요?

중력과 부력

어떤 물체가 액체 안에 놓이면 동시에 두 가지 힘을 받습니다. 공기 중에서는 중력을, 물속에서는 부력을 받지요. 중력은 물체를 '누르는 힘'이고, 부력은 반대로 '뜨려는 힘'입니다.

배가 뜨는 것은 위에서 중력을 받는 만큼 아래서도 같은 힘의 부력이 작용하기 때문이에요. 두 힘이 서로 균형을 이루고 있을 때 배가 떠 있는 상태가 되는 거예요.

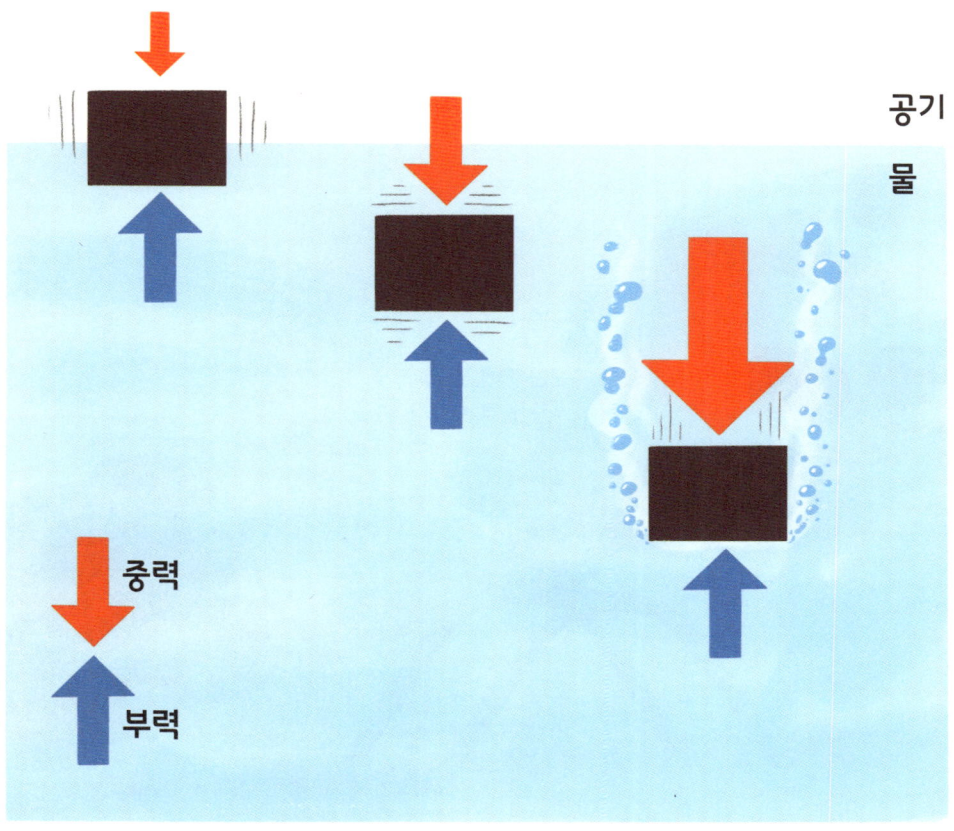

부력은 물체의 밀도에 영향을 받아요

부력은 모든 물체에 적용되지만, 뜨는 데는 조건이 필요합니다. 우선 물체가 뜨려면 물보다 밀도가 작아야 해요. 밀도는 일정한 면적에 무엇이 빽빽이 들어선 정도를 말해요. 어떤 물질의 질량을 부피로 나눈 값을 뜻하기도 하죠.

$$밀도 = \frac{질량}{부피}$$

똑같은 크기의 풍선 두 개를 만들어 한 풍선에만 물을 가득 담아 볼까요? 두 풍선의 부피는 같지만, 물이 든 풍선이 훨씬 무거워요. 이때 밀도도 물이 든 풍선이 더 크지요. 물이 든 풍선을 물속에 넣으면 풍선은 거의 잠깁니다. 풍선 안팎의 물은 밀도의 차이가 거의 나지 않기 때문이죠.

이번에는 얼음을 물에 담가 볼까요? 얼음은 물에 동동 뜹니다. 얼음은 얼음이 얼 때 부피가 증가해 밀도가 작아져 부력이 생긴 거예요. 플라스틱이나 나무를 물에 던져 놓아도 뜹니다. 이 역시도 물체의 밀도가 물보다 작아서 뜨는 것이죠.

물보다 밀도가 훨씬 큰 쇠붙이는 어떨까요? 숟가락이나 젓가락을 물에 담그면 그대로 가라앉습니다. 하지만 수저라도 부력의 조건을 갖추면 물에 떠요. 쇠를 녹여서 밥그릇이나 냄비와 같은 용기로 만들면, 빈 곳에 공기가 가득 차 물체의 밀도가 물보다 작아져 물에 떠요. 물체의 부피가 커지면 물과 닿는 면적이 넓어져 부력을 받는 면적도 넓어지기 때문에 더 쉽게 물에 뜹니다.

큰 배가 뜨는 원리도 같습니다. 배 안에 공간이 많으므로 배 전체 무게보다 물속에 들어가 있는 부분의 부피가 받는 부력이 더 크기 때문에 물에 뜨는 거예요.

아르키메데스의 원리

'부력의 원리'를 '아르키메데스의 원리'라고도 해요. 고대 그리스의 철학자 아르키메데스가 처음 그 원리를 밝혀냈기 때문이죠. 아르키메데스는 목욕탕에 들어갔다가 물이 넘치는 것을 보고 "유레카!(알았다!)"를 외치며 발가벗고 뛰어다녔답니다.

물이 가득 찬 통에 물체를 넣으면, 물체의 부피만큼 물이 흘러넘쳐요. 밀려난 부피만큼의 물의 무게가 그 물체에 작용하는 부력의 크기가 되는 셈이지요. 이것이 바로 '부력의 원리'예요.

아르키메데스는 이 원리를 이용해서 히에론 왕의 새 왕관에 은이 섞였다는 사실을 알아냈어요. 커다란 그릇에 물을 가득 채우고 왕관, 왕관과 같은 양의 순금을 각각 넣어 흘러넘친 물의 양을 비교했더니 차이가 있었죠. 왕관은 순금이 아니었던 거예요.

중력의 크기 = 물체의 무게
부력의 크기 = 물체가 밀어낸 물의 무게
= 물체의 부피에 해당하는 물의 무게

배의 무게

배의 무게는 저울로 잴 수 없습니다. 독(dock)에 물을 가두어 놓고 배를 띄워요. 배는 물속에 잠긴 만큼 물을 넘치게 하지요. 그것을 '배수량'이라고 해요. 배수량은 배의 무게와 같은 물의 양입니다. 따라서 배수량을 측정하면 배의 무게를 알 수 있지요.

배가 안전하려면

배가 파도나 바람 때문에 기울어졌을 때, 다시 제자리로 잘 돌아와야 안전하게 운항할 수 있어요. 이렇게 물체를 본디의 상태로 되돌리려고 하는 힘을 '복원력'이라고 해요.

배의 무게 중심이 아래에 있을 때는 안전하지만, 배의 무게 중심이 위에 있을 때는 복원력을 잃어 배가 뒤집히게 됩니다.

그래서 운항 중에 배의 무게 중심을 맞추기 위해 배의 아래나 왼쪽과 오른쪽에 물을 채워요. 거대한 유조선은 기름을 내리고 돌아갈 때는 복원력을 회복하기 위해 대신 물을 채워 운항하지요.

↓ 무게 중심
↑ 부력 중심

05 문명을 배달하는 배

인간은 문명 그 자체입니다. 아무리 작은 섬이라도 인간의 손때가 묻는 곳에는 어김없이 문명의 깃발이 꽂혔지요. 그 여정에는 반드시 배가 뒤따랐습니다. 배는 문명을 실어 나르는 동반자니까요.

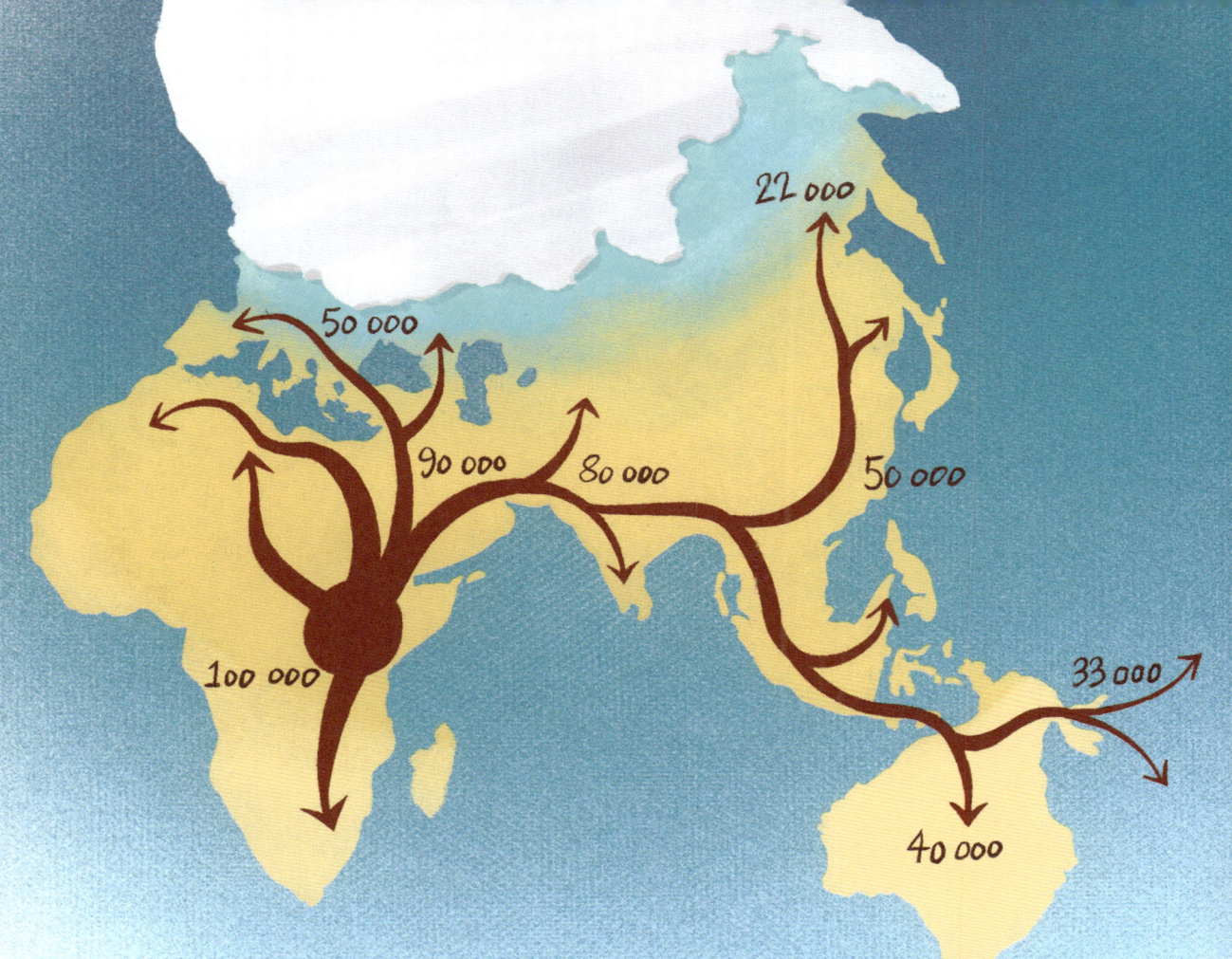

인류의 대이동

약 10만여 년 전, 아프리카에서 출현한 인류는 온 대륙으로 퍼졌습니다. 대부분의 인류는 5만여 년에 걸쳐서 유라시아 대륙에 정착했어요. 그 뒤, 유라시아 대륙에 빙하기가 닥치자 인류는 다시 이동했습니다.

남쪽 바다로 향한 인류는 카누를 타고 동남아시아를 거쳐 호주 대륙에 정착합니다. 위대한 카누는 남태평양의 여러 섬과 하와이까지 문명의 씨앗을 실어 나르지요. 그들을 '라피타(Lapita)인'이라고 합니다.

유라시아 북쪽에 머물렀던 인류도 마지막 빙하기에 이동을 시작했어요. 카약을 타고 베링해를 건너 북아메리카에 정착했지요. 그 일부는 다시 남아메리카의 고원 지대로 진출했습니다. 그때 북아메리카에 뿌리를 내린 민족이 인디언이고, 남쪽에 정착한 민족이 인디오입니다.

선사 시대 당시 인류는 카누와 카약으로 어떻게 바다를 건널 수 있었을까요? 빙하기에는 해수면이 약 20여 미터 낮아져 육지의 면적이 넓어집니다. 섬과 섬들을 걸어서 이동할 수 있었지요. 또한 바다가 있더라도 배를 타고 이동하는 거리가 짧아서 정착이 쉬웠을 거예요.

빙하기 때 해수면이 낮아지는 원인은 무엇일까요? 바다에서 증발한 수증기가 눈이 되어 육지에 계속 쌓이기 때문입니다. 육지는 빙하로 두꺼워지고 바닷물은 점점 더 줄어들게 되지요. 당시 빙하기 때는 북반구 중위도 지방까지 빙하가 가득 쌓이고 남반구는 비교적 따뜻했답니다.

4대 문명의 탄생

지구촌으로 퍼진 인류는 대륙 곳곳에 문명의 씨앗을 심었습니다. 세계 4대 문명의 발상지는 모두 강가에 있습니다.

4대 문명이 강가에서 일어난 배경은 무엇일까요? 강 주변은 땅이 기름지고 물이 넉넉하여 농사짓기에 유리합니다. 배로 이동하기 좋아서 물건을 실어 나르기에도 좋지요. 그 시대 제일 귀하고 좋은 것들이 모두 배를 타고 흘러들어옵니다.

돈과 상품이 모이는 곳에는 시장이 생기고 사람들이 모여들지요. 강 주변은 점점 정치, 경제, 사회, 문화적으로 발달하게 됩니다. 나중에는 법과 제도 아래 국가의 기틀이 마련되지요. 그래서 각 나라의 수도가 강을 끼고 탄생하는 것입니다.

메소포타미아 문명
기원전 3500년쯤 티그리스강과
유프라테스강 사이에서
탄생했습니다.

황허 문명
기원전 2000년쯤
황허강과 양쯔강
주변에서
발생했습니다.

인더스 문명
기원전 2500년쯤
인더스강 유역에서 일어났습니다.

이집트 문명
기원전 3000년쯤
나일강을 중심으로 출발했습니다.

남아메리카의 고대 문명

먼 훗날, 남아메리카에 진출한 인디오의 후손들은 독자적으로 새로운 문명을 세웠습니다.

아스테카 문명
멕시코 중앙 고원에서 일어났습니다.

마야 문명
멕시코의 유카탄반도와 과테말라 지역에서 탄생했습니다.

잉카 문명
페루와 볼리비아의 안데스 고원에 세워졌습니다.

06 바다의 실크 로드

오늘날, 나라 사이의 무역 거래는 하루아침에 이루어진 것이 아닙니다. 오래전부터 거래되었던 물물 교환의 역사가 육로나 바닷길로 이어진 덕분이죠. 육지에 실크 로드가 있듯이 바다에도 실크 로드가 있었답니다.

실크 로드란?

실크 로드는 동양과 서양을 이어 주던 무역과 교역의 교통로입니다. 중국의 장안에서 시작하여 서역의 지중해 유역까지 다다르지요. 그 길이가 장장 6400킬로미터나 됩니다.

동서양의 값지고 귀한 문물들은 그 길을 따라서 오고 갔습니다. 그중에 비단(silk)이 일찍이 유럽으로 전해지면서 '실크 로드'로 불렸어요. 중국은 그 밖에 화약, 종이, 나침반 등의 귀한 발명품들도 유럽으로 전파했답니다.

바다의 실크 로드

바다의 실크 로드는 고대의 바닷길로 '동방 항로'를 일컫습니다. 중국의 동남 해안에서 인도차이나반도, 페르시아만과 홍해에 이르는 바닷길입니다.

오래전부터 동방으로 향하는 뱃길 개척은 아주 어려웠습니다. 그 대신 누군가 항로를 개척하면 무역을 독점하게 되어 큰돈을 벌 수 있었어요.

　바다의 실크 로드를 처음 개척한 사람들은 페니키아인들입니다. 그들은 뛰어난 항해술로 동방 항로를 찾아 무역을 독점하는 데 성공하지요. 나중에는 아라비아 상인들이 동방 항로를 점령하여 무역을 독점합니다.

　아라비아인들은 동양에서 유향, 차, 비단, 도자기 등을 사들여 유럽에 팔았습니다. 그리고 유럽과 아랍에서 발달한 천문학, 지리학, 수학, 의학 등의 서적과 기구들을 중국에 전했답니다.

차이나 로드

바다의 실크 로드는 15세기 초에 중국 명나라의 정화 원정대에 의해 아프리카까지 개척되었습니다. 정화 원정대는 대규모의 선단을 이끌고 동남아시아와 아프리카 나라들을 방문했어요.

당시 30여 개국을 방문하여 차, 비단, 도자기 등의 물건을 전해 주었습니다. 그리고 방문한 나라에서 차, 향신료, 상아, 보석, 코끼리, 사자, 얼룩말 등의 특산품을 받았지요.

그 바닷길은 나중에 '차이나 로드' 또는 '세라믹 로드'로 통했어요. 예로부터 그 길로 중국의 도자기가 유럽으로 널리 퍼져 이름을 날렸기 때문이에요. 세라믹은 도자기를 일컫는 영어식 표현이에요.

지중해의 바닷길

중세 유럽의 바다 실크 로드는 지중해입니다. 서유럽과 북아프리카의 연안국들은 지중해를 거점으로 해상 무역을 이루었지요. 그중에 이탈리아는 지중해 무역에서 독보적인 활동을 했습니다. '모든 길은 로마로 통한다.'고 했듯이 동방의 물건들이 대부분 이탈리아의 항구 도시로 모였기 때문이에요.

이탈리아는 지중해의 반도 국가로 해상 무역에 유리한 조건을 가지고 있었어요. 당시 동방의 인기 품목은 정향, 육두구, 후추와 같은 향신료들이었습니다. 서유럽의 귀족들은 음식이 상하는 것을 막고 풍미를 높이는 향신료를 무척 좋아했답니다.

벽란도로 이어진 바다의 실크 로드

바다의 실크 로드는 아라비아 상인들에 의해 한반도까지 이어졌습니다. 통일 신라 시대에 울산항으로 유리, 유황, 후추 등이 수입되었어요. 고려 때는 벽란도를 통해 중국에 금, 은, 인삼 등을 수출하고 악기, 비단, 서적 등을 수입했지요. 당시 고려는 아라비아 상인에 의해 '코리아'로 세상에 알려지게 됐답니다.

07 동서양의 문명을 바꾼 항로 개척

 유럽에서 대항해 시대가 되기 전까지 동서양의 문명 격차는 거의 없었습니다. 양쪽은 비슷한 문명의 수준을 유지했지요. 그러나 대항해 시대가 지나면서부터 서양의 문명이 비약적으로 발전하기 시작했습니다. 서양에서 먼저 바다를 통째로 점령했기 때문이에요.

 대항해 시대의 바다는 그 자체가 '새로운 시장'이었어요. 개척할 것이 무궁무진하게 많은 세상이었거든요.

 대양 항로 개척의 선두 주자는 포르투갈과 스페인(에스파냐)이었습니다. 두 나라는 지중해의 입구인 이베리아반도에 있었지요. 그래서 대양으로 나가는데 최적의 조건이었습니다.

너른 바다로 바다로!

포르투갈의 항해가 바스쿠 다가마는 리스본에서 출발하여 1498년, 아프리카 희망봉에 다다랐습니다. 그는 그곳에서 인도로 가는 동방 항로를 찾아냈지요. 새로운 뱃길 개척으로 포르투갈은 향신료를 독점하여 부를 축적하게 되었어요.

콜럼버스

산타마리아호

크리스토퍼 콜럼버스는 스페인 왕실의 도움으로 대서양을 횡단하여 카리브해와 아메리카 대륙을 발견했습니다. 페르디난드 마젤란은 대서양, 태평양, 인도양을 항해하며 '지구는 둥글다'는 것을 입증했어요. 신항로 개척으로 인류는 새로운 세계에 눈뜨게 되었습니다.

상 가브리엘호

바스쿠 다가마

신항로 개척의 일등 공신들

신항로 개척의 일등 공신은 무엇보다 돛단배입니다. 거대한 돛단배의 출현으로 장거리 항해가 가능해졌지요. 선원들은 큰 배에 물과 식량을 넉넉히 저장하여 먼 바다로 떠날 수 있었습니다.

육분의, 나침반, 망원경 등 각종 관측 도구가 발달해 항해를 도왔습니다. 도구들이 별의 위치, 시각, 위도, 경도, 방향 등을 어느 정도 정확히 알려 주어 배가 표류하는 것을 막아 주었지요.

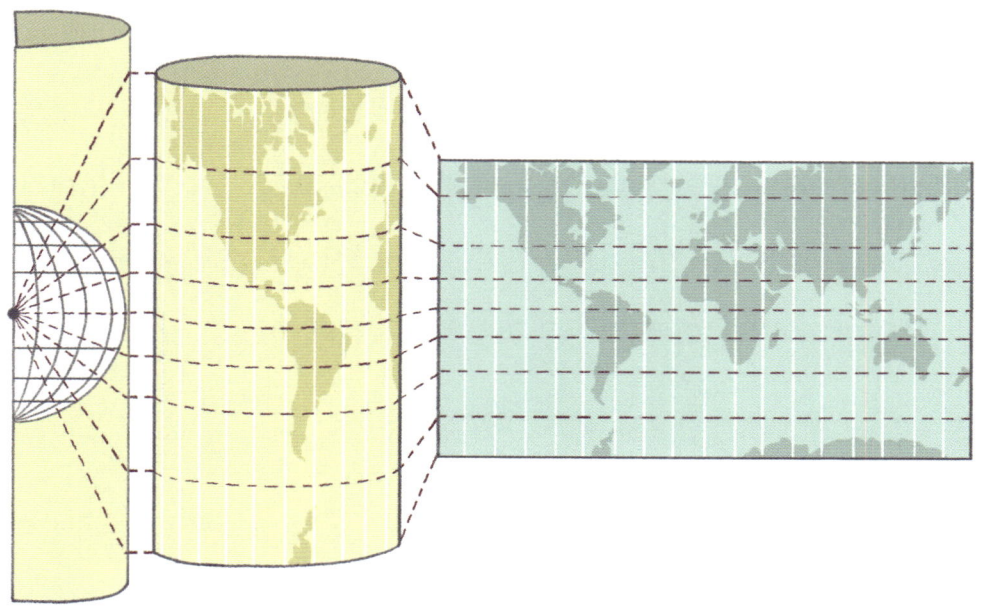

　특히 완성도 높은 해도가 정확한 항로를 안내했습니다. 메르카토르 도법으로 제작된 지도가 인쇄술의 발달로 널리 보급되었어요. 메르카토르 해도는 선박이 목적지로 이동할 때 직선 항로로 빠르게 안내한답니다.

해양 시대의 선두 주자

포르투갈과 스페인은 앞다퉈 신항로를 개척했고, 두 나라는 무역을 지배하며 200년간 세계 중심을 차지했습니다. 특히 스페인은 16세기 최고의 부자 나라로 전성기를 누리게 되지요. 신항로 개척은 크고 넓은 시장을 만들어 유럽의 발전에 큰 역할을 했습니다.

그러나 그 배경에는 아시아와 아메리카 대륙을 침략해 정복한 어두운 역사가 숨어 있습니다. 스페인은 잉카와 아스테카의 고대 문명을 멸망시키고 엄청난 양의 금과 은을 약탈했지요.

바다를 버린 중국

세계사가 서양을 중심으로 흘러간 까닭은 중국이 바다를 포기했기 때문입니다. 당시 중국은 바다로 나가는 길을 택하지 않고 대륙에 만리장성을 쌓으려고 했어요. 바다보다 영토를 중요시했기 때문이죠.

중국의 한족들은 자국의 문화를 우월시하는 중화사상에 빠져 있었어요. 변방의 민족들을 오랑캐로 여기고 다스려야 할 대상으로 여겼습니다. 그래서 대외적으로 조공 무역을 내세우는 정책을 펼쳤어요. 즉 중국은 임금의 나라이고 그 변방의 나라들을 신하로 생각하는 군신 관계를 요구했던 것이죠.

명나라 때 정화 원정대가 대양으로 나가지 못한 이유도 거기에 있습니다. 임금이 하사품을 내리면 신하들은 특산품을 바치는 식의 조공 무역의 한계에서 벗어나지 못했기 때문이에요.

중국은 세계 3대 발명품인 종이, 화약, 나침반을 서양에 전해 주었습니다. 서양은 그 기술로 대륙을 발견하고 세상을 정복하는 수단으로 이용했습니다.

당시 중국은 서양보다 더욱 발달한 정크를 가지고 있었어요. 그때 중국이 대륙에 머물지 않고 대양으로 진출했다면 세계사는 어떻게 바뀌었을까요? 지금 중국은 서양은 물론 일본에 패배했던 뼈아픈 과거사를 잊지 않고 있습니다. 그래서 온통 바다에 국력을 쏟아붓고 있습니다.

08 식탁을 바꾼 무역선

중세에 침략과 약탈의 상징이었던 범선들은 남아메리카의 작물들을 이동시켰습니다. 그 결과 입맛에 따라 각 나라의 식탁들이 바뀌기 시작했지요. 감자는 프랑스에 전파되어 주식으로 자리 잡았고, 그 밖의 작물들은 여러 나라의 식탁에서 인기 품목이 되었습니다.

작물의 이동

포르투갈과 스페인의 신항로 개척은 유럽을 들뜨게 했습니다. 금과 은의 유입으로 지중해 유역은 상공업과 금융업이 활발하게 일어났어요. 총과 대포가 대량으로 생산되고 은을 화폐로 사용하기 시작했지요.

쌓인 화폐는 엘도라도를 꿈꾸는 선박에 다시 투자되었어요. 엘도라도는 남아메리카 아마존강 근처에 있다고 상상한 '황금의 땅'이랍니다. 포르투갈과 스페인은 전설의 엘도라도를 찾아 남미 대륙을 벌집처럼 쑤셔 놓았습니다.

그들은 황금의 땅을 찾는 데 실패하자 인디오들을 노예로 삼았습니다. 그리고 돈이 되는 작물들을 실어 유럽으로 퍼뜨렸습니다. 남미가 원산지인 감자, 옥수수, 코코아, 고추, 담배, 사탕수수, 커피, 고구마 등이 그렇게 세상으로 퍼졌답니다.

남미에서 전파된 작물들은 유럽인들의 입맛을 사로잡았습니다. 설탕과 코코아는 달콤함이 일품이었고, 커피는 차로 마시기에 좋았지요.

유럽의 침략자들은 점점 더 많은 작물이 필요해지자 수많은 아프리카인을 노예로 수입했습니다. 그로 인해 대서양에는 3개국이 연결되어 상품을 사고파는 삼각 무역이 크게 번창했지요.

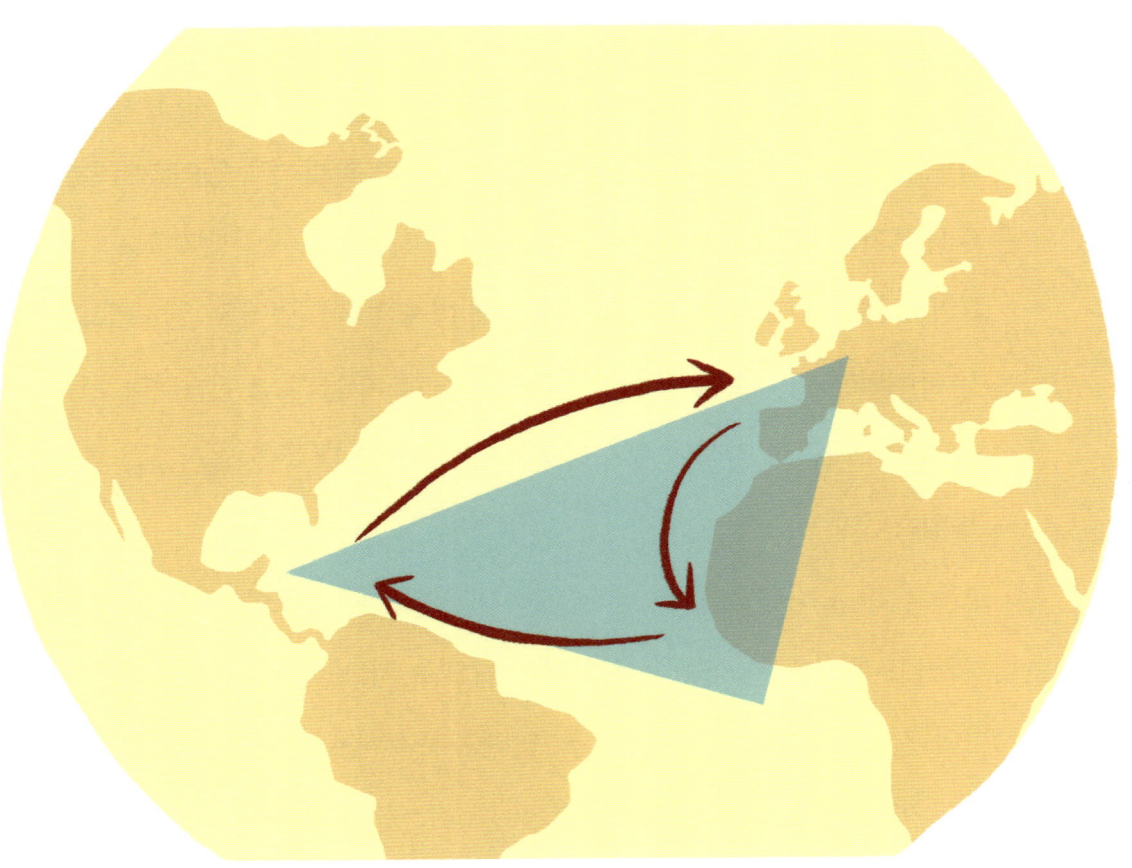

삼각 무역

　삼각 무역의 형태는 다음과 같습니다. 유럽에서 총, 술, 직물 등의 공산품을 싣고 아프리카에 가서 노예와 교환합니다. 노예는 배에 실린 채 남아메리카의 사탕수수 농장에 보내집니다. 노예를 내리고 난 빈 배에는 설탕을 실어서 유럽으로 보내지요. 삼각 무역은 지중해 중심의 무역을 대서양으로 옮겨서 유럽을 번창하게 했습니다. 거기에는 피와 땀이 섞인 노예들의 아픔이 있었지요. 당시 노예들은 유럽인들의 맛있는 식탁을 위해 죽도록 일하며 학대받았답니다.

09 바다를 지켜라

전쟁의 승패는 한 나라의 운명을 좌지우지합니다. 중세 유럽의 스페인은 무적함대로 대서양을 장악한 최강국이었어요. 또한 남미 대륙에서 약탈한 금은보화를 거의 소유하고 있는 부국이었습니다. 그에 반해 영국은 경제적으로 허약한 나라였습니다. 하지만 한순간에 두 나라의 지위는 완전히 역전되어 버렸답니다.

해적질을 하라!

영국은 섬으로 고립된 나라입니다. 외부로부터 경제적인 수단을 얻지 않으면 발전하기 어려운 구조였지요. 국가의 재정을 넉넉히 채울 수 있는 돈벌이 수단이 별로 없었으니까요.

당시에는 스페인이 바다의 상권을 모두 쥐고 있는 터라 영국은 경제적으로 어려웠습니다. 작은 함대조차 꾸릴 수 있는 형편이 되지 못했습니다. 이에 영국의 엘리자베스 여왕은 스페인에 대항하여 '사나포선'을

운영하지요. 사나포선은 여왕이 개인에게 허가해 준 일종의 해적선입니다.

여왕은 사나포선으로 보물선을 약탈하거나 영토를 빼앗으면 최대한의 예우를 보장해 주었습니다. 약탈한 전리품 일부를 사나포선의 두목에게 나눠 주고 작위를 주어 사기를 북돋아 주었지요. 그에 따라 영국에는 사나포선들이 대거 등장하여 대서양의 바다를 노리게 되었답니다.

보물섬 카리브해

서인도 제도로 불리는 카리브해는 보물섬의 무대가 되는 장소입니다. 스페인의 보물선들이 지나가는 길목에 있지요. 사나포선들은 그 길목에 숨어서 총과 대포를 쏘아 보물선을 약탈했지요. 배가 부서지면 스페인 선원들이 섬에 보물을 숨겨두기도 했습니다. 그래서 보물섬에는 해적들과 사나포선들이 끊임없이 모여들었지요. 영국의 사나포선들은 스페인의 보물선을 수시로 강탈했습니다. 스페인은 계속해서 사나포선들에 보물을 약탈당하자 급기야 영국에 전쟁을 선포하지요.

떠오르는 영국

1588년, 도버 해협에서 영국의 함대와 스페인의 무적함대가 맞부딪혔습니다. 무적함대는 백병전에 유리한 전투함에 단거리 대포를 가지고 있었습니다. 영국의 전투함은 작았지만 장거리용 대포가 있었습니다. 두 함대의 대포는 폭풍이 몰아치는 바다 위에서 불을 뿜었습니다.

해전은 의외로 영국 함대의 승리로 끝났습니다. 무적함대가 대포 세례에 침몰하고 말았지요. 전쟁의 결과는 두 나라의 명암을 완전히 갈라놓았습니다. 영국은 스페인의 해상권을 완전히 빼앗아 대양 진출의 발판을 마련했지요. 반대로 스페인의 국력은 서서히 내리막길을 걷게 되었답니다.

모두가 내 땅이다

영국은 전쟁에서 얻은 승리를 기반 삼아 승승장구했습니다. 해상 무역에서 얻은 자본으로 더 큰 배를 만들어 인도와 여러 나라를 식민지로 삼았어요. 식민지에서 모은 자본은 영국이 산업 혁명을 일으키는 데 직

접적인 원동력이 되었습니다.

산업 혁명으로 영국은 초일류 국가가 됩니다. 영국은 20세기 초까지 16개의 나라에 제국주의 깃발을 꽂았습니다. 그리고 해가 지지 않는 나라가 되어 세계사의 한 페이지를 장식하게 되었죠. 결국은 바다를 정복한 대가로 세계사의 주역이 된 거예요.

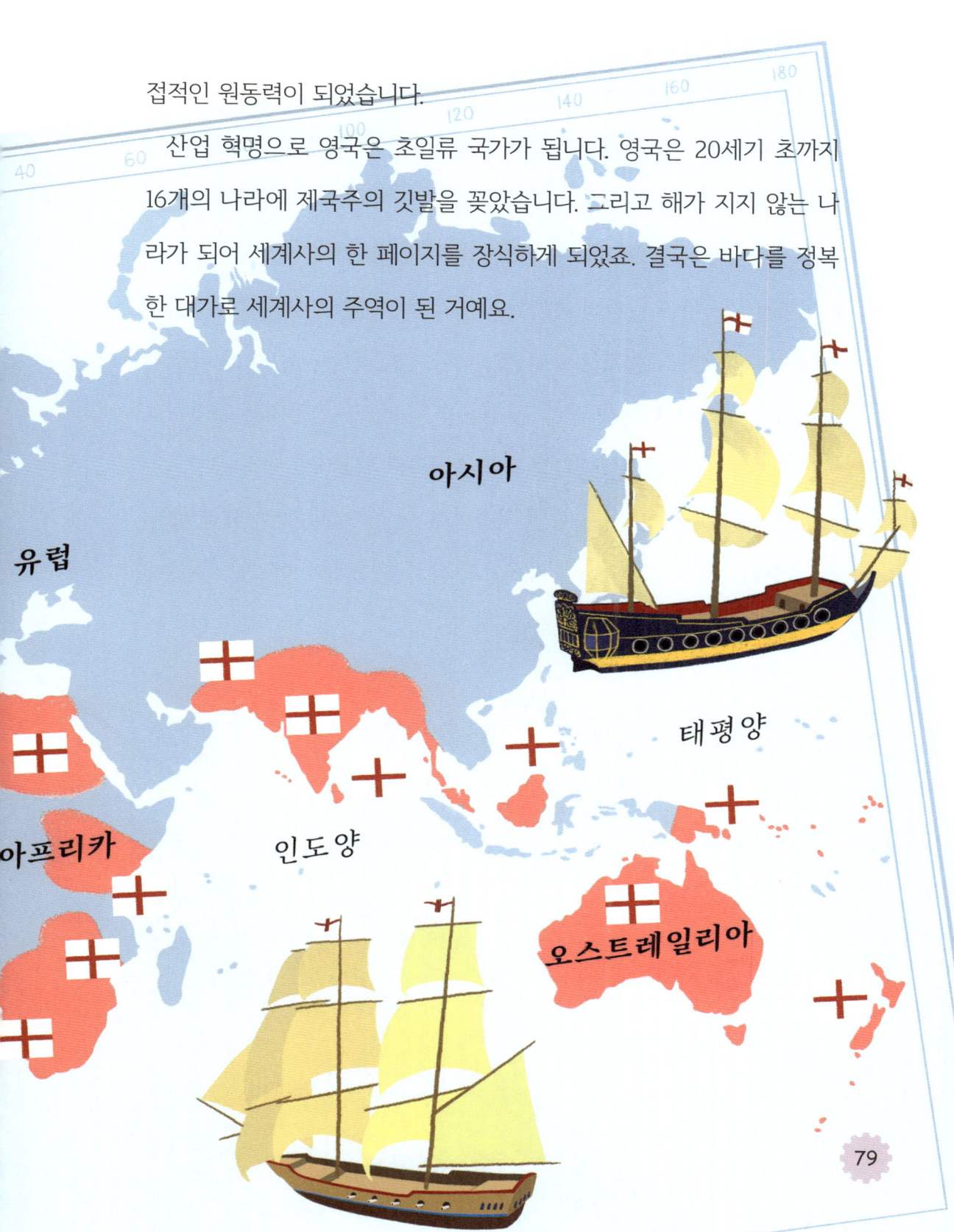

배타적 경제 수역

제국주의 시대에는 바다를 먼저 차지하는 나라가 그 주위의 모든 지배권을 행사했습니다. 총과 대포로 말이죠. 현대의 바다는 다릅니다. 한 나라의 고유한 영토와 영해는 주권 국가에 있습니다.

영토에 인접하여 나라의 통치권이 미치는 바다를 영해라고 해요. 해안으로부터 12해리(약 22킬로미터)입니다. 영해 안에서는 다른 나라의 선박이나 항공기가 허가 없이 지나다니지 못해요. 연안에서 200해리(약 370킬로미터)까지는 배타적 경제 수역으로 지정되어 있습니다.

배타적 경제 수역에서는 주권 국가에서 어업, 자원 개발, 해양 생물 조사, 탐사, 보호 등의 활동을 자유롭게 할 수 있습니다. 하지만 다른 나라는 그곳에서 모든 활동이 금지되어 있어요. 대신에 선박이나 항공기는 지나다닐 수 있지요.

나라와 나라 사이에 배타적 경제 수역이 겹칠 때는 어떻게 할까요? 이때는 서로 겹치는 중간 부분을 배타적 공동 수역으로 지정합니다. 두 나라에 똑같이 관할권을 주고요.

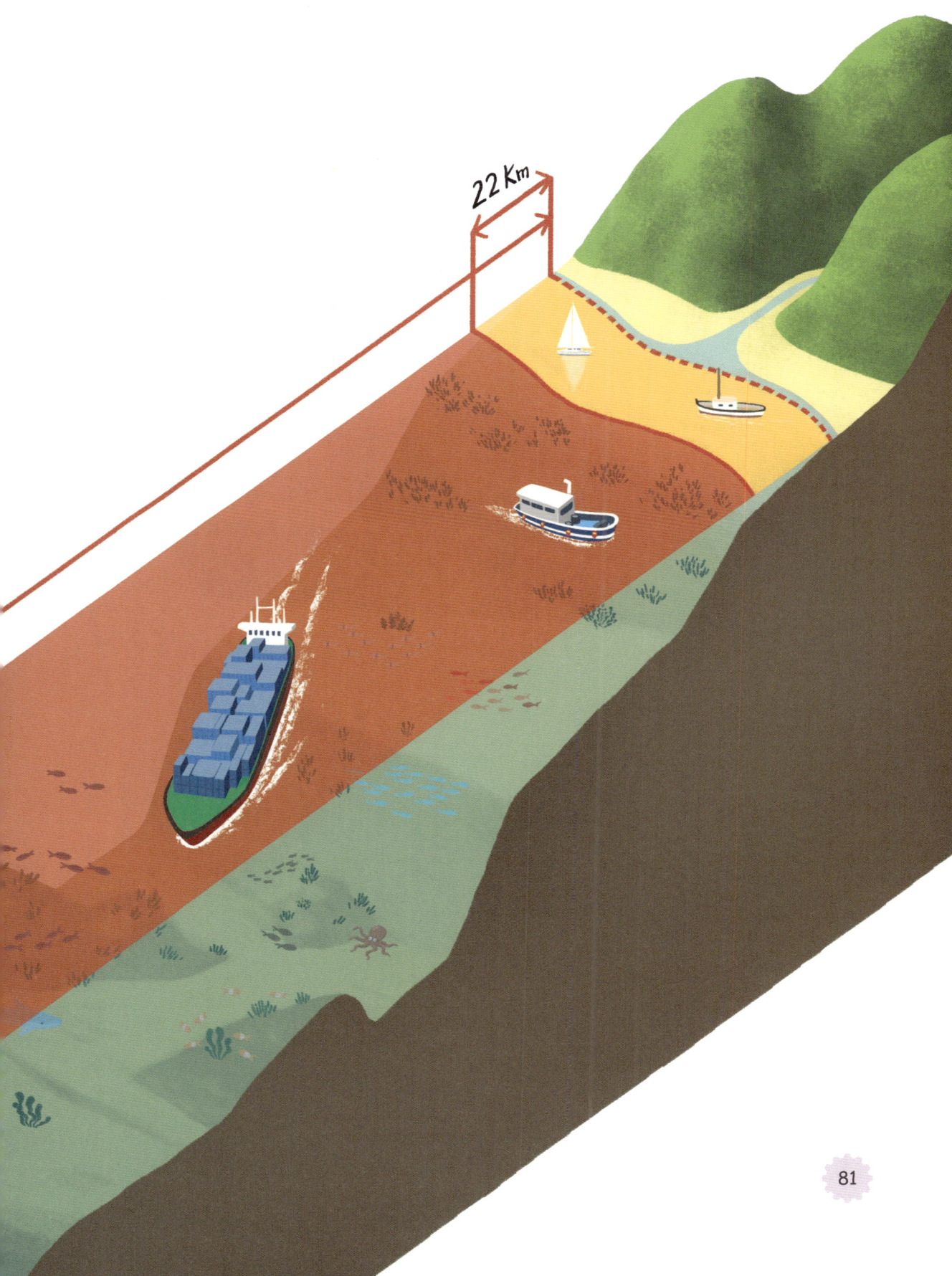

10 고마운 배

예나 지금이나 배는 중요한 교통수단입니다. 배가 없었다면 오늘날과 같은 문명사회로 발전하지 못했을 거예요.

특히 동력선이 등장한 뒤, 인류의 문명은 너무나 빠르게 발전했습니다. 과거 수만 년의 역사적인 발전보다 동력으로 발전한 200년의 세월이 훨씬 더 발달했으니까요.

이로운 문명은 분명 우리에게 편리함을 가져다주었습니다. 그 곁에는 언제나 배가 붙어 다녔지요. 배가 우리에게 얼마나 큰 이로움을 주고 있는지 알아볼까요?

선박 님, 고마워요

각 나라는 수입과 수출을 통해 필요한 것들을 사고팝니다. 이를 '무역'이라고 하지요. 외국 무역 거래에서 배는 원료나 상품을 실어 나르는 중개자 역할을 맡고 있습니다. 우리 생활에 부족하거나 불편함이 없도록 24시간 내내 먼 바다를 오고 가지요.

유조선과 LNG선은 국내 가정과 산업을 움직이는 에너지를 들여옵니다. 무역선은 소비자들의 욕구를 채워 주는 상품들을 실어오지요. 자동차선은 품질 좋은 자가용을 탈 기회를 제공합니다. 벌크선은 곡류나 기타 중요한 원자재를 수입해 오고요. 선박은 알게 모르게 우리의 삶을 윤택하게 해 주고 있습니다. 참으로 고마운 존재가 틀림없지요.

선박들이 바쁘면 항구도 바빠요

바다는 배가 다니는 길로 거미줄처럼 연결되어 있습니다. 무역선들은 끊임없이 항구로 상품을 실어 나르지요. 대부분의 무역항은 컨테이너의 물동량으로 규모를 측정합니다. 물동량은 6미터짜리 컨테이너의 수량으로 파악하지요.

부동의 물동량 1위는 중국의 상하이항이에요. 세계의 공장을 가진 나라답게 1년에 약 4000만 개 정도의 컨테이너를 처리합니다. 네덜란드의 로테르담항은 유럽 물동량의 약 60%를 처리하지요.

우리나라는 부산, 인천, 광양, 평택 등 약 30여 개의 크고 작은 무역항이 있습니다. 그중에 물동량을 가장 많이 취급하는 곳은 부산항입니다. 1년에 약 2000만 개 이상의 컨테이너를 취급하지요. 물동량은 대외 무역을 측정하는 기준이 됩니다. 항구에 무역선들이 많이 드나들수록 경기가 활발하다는 증거예요.

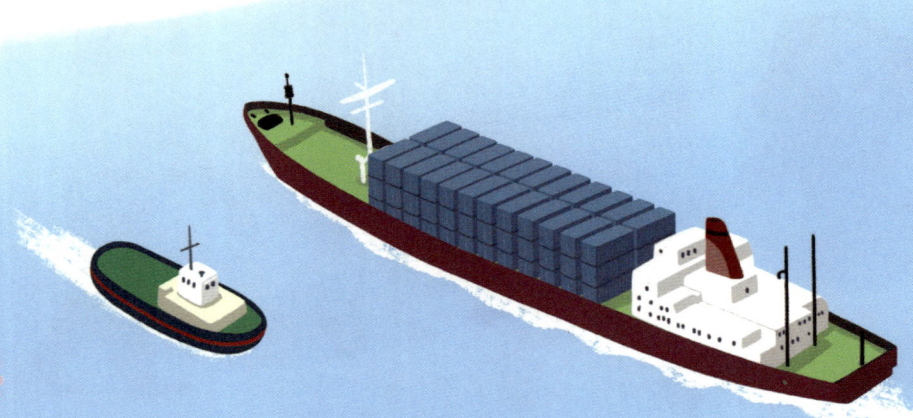

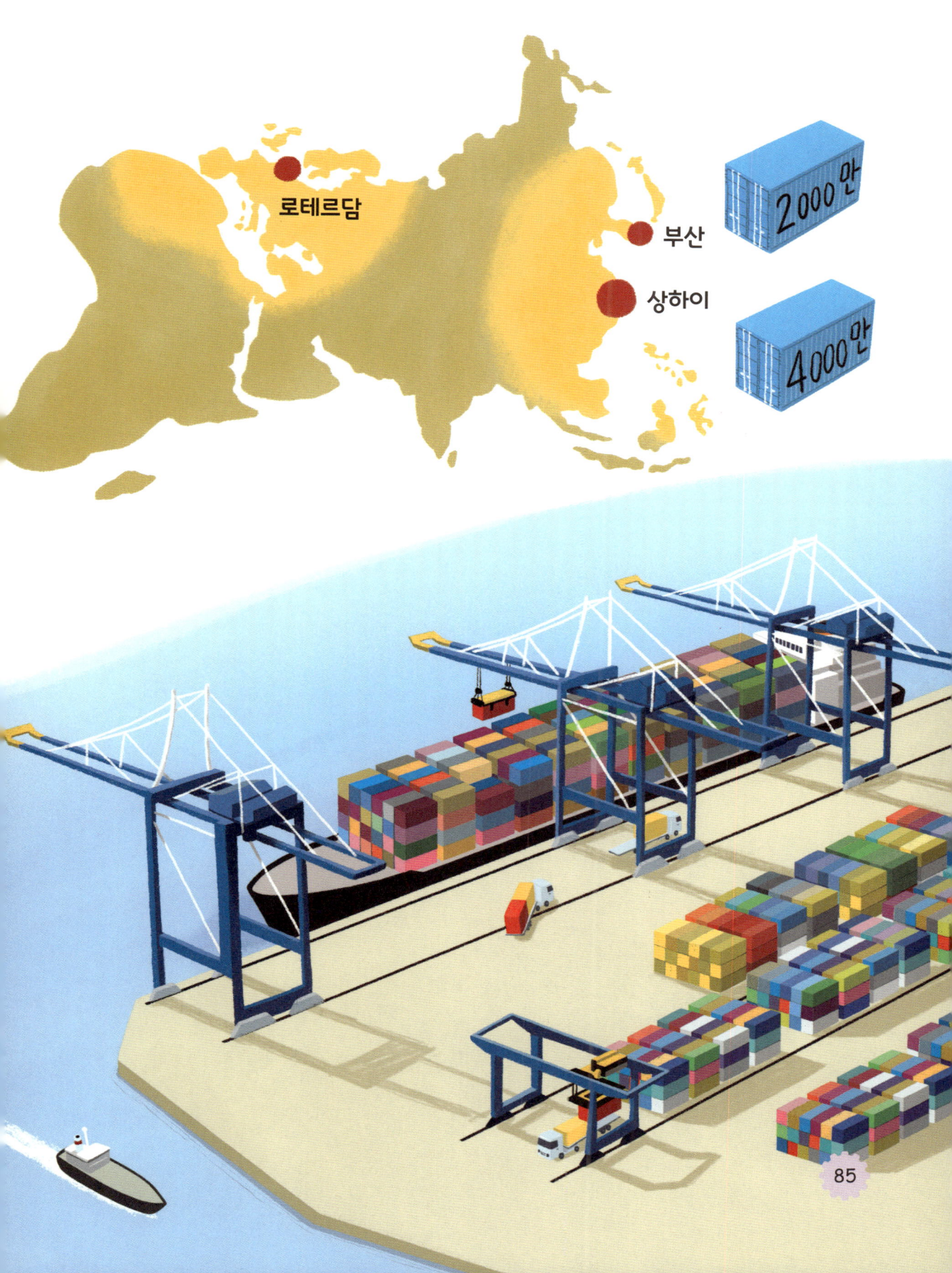

11 위험한 배

배는 편리한 교통수단이지만, 위험성도 크답니다. 아무리 큰 배라도 망망대해에 떠 있을 때는 작은 성냥개비에 지나지 않아요. 큰 태풍이나 폭풍이 몰아칠 때는 좌초하거나 침몰할 수 있습니다. 바다가 잔잔할 때는 부주의로 선박끼리 충돌할 수도 있고요.

만약에 그 선박이 화물선이라면 막대한 재산 피해를 보게 되겠지요. 유조선이라면 기름의 유출로 바다 생태계를 심각하게 오염시킬 것이고요. 여객선이나 유람선이라면 수많은 인명 피해가 날 것입니다.

선박에 사고가 났을 때는 시간을 다투는 위험이 발생할 확률이 높습니다. 배를 타면 미리 비상구와 구명조끼의 위치를 꼭 알아두어야 합니다.

눈에 안 보이는 무기

'양날의 칼'은 좋은 것과 나쁜 것을 동시에 지니고 있음을 뜻해요. 칼로 고기를 썰면 양식이 되고 사람을 다치게 하면 무기가 되지요.

배도 마찬가지입니다. 화물선에 상품을 실으면 즐거움을 주고 대포를 실으면 무기가 되지요. 과거의 선박들은 침략과 정복의 대상으로도 악명이 높았습니다. 배 자체를 무시무시한 무기로 이용했으니까요.

미래에도 배는 항상 위험한 무기로써 존재감을 과시할 거예요. 단지 '눈에 보이지 않는 무기'로 작용할 확률이 높습니다. 예를 들어 '어느 날, 갑자기 중요한 무역선들이 멈추었다'고 가정해 보아요. 위험한 상황이 닥칠 수 있습니다. 왜 그런지 살펴볼까요?

식량이 중요해요

국제 정세는 평화로울 때는 전혀 문제가 되지 않습니다. 그러나 원유 생산국들 사이의 전쟁, 중요한 원료 공급 기지의 지진, 쓰나미와 같은 자연재해, 불안한 외교적 마찰 등으로 선박 운항이 멈출 수 있습니다.

꼭 필요한 것들이 어떤 원인으로 부족해지는 순간 위험이 닥쳐옵니다. 원유를 비롯하여 쌀, 밀, 옥수수 등의 곡류는 살아가는 데 근본적인 에너지입니다. 원유가 부족해지면 추워지고 쌀이 귀해지면 배고파지지요.

특히 식량처럼 먹는 에너지는 눈에 보이지 않는 무기 중에서도 위력이 가장 큽니다. 만약에 식량을 수입하는 처지에서 식량을 실은 배가 오지 않는다면 어떻게 되겠어요? 식량의 수입 의존도가 높은 나라일수록 국가적인 재난을 당할 수도 있답니다.

꿩 대신 닭이라고?

'쌀이 떨어지면 라면을 사 먹으면 된다.'고 생각하는 친구들이 있습니다. 그런데 라면은 밀로 만듭니다. 밀은 외국으로부터 수입하고요.

밀의 수입이 늘어나면 밀값이 치솟아 버립니다. 이어서 라면, 피자, 햄버거도 비싸집니다. 다시 대체 식품으로 옥수수빵을 먹으면 해결될까요?

아닙니다. 옥수수도 수입해서 먹는 처지라면 소용없습니다. 옥수수의 수요 증가는 국제 가격을 더 오르게 하지요. 결국은 옥수수빵뿐만 아니라 사룟값도 올라가게 될 거예요. 가축들은 옥수수 사료를 먹으니 고깃값도 오르게 되겠지요.

이처럼 식량 에너지는 도미노 현상을 일으킬 수 있는 화약고랍니다. 그래서 주식의 수입 의존도가 높은 나라들은 아주 위험해질 수 있는 거예요.

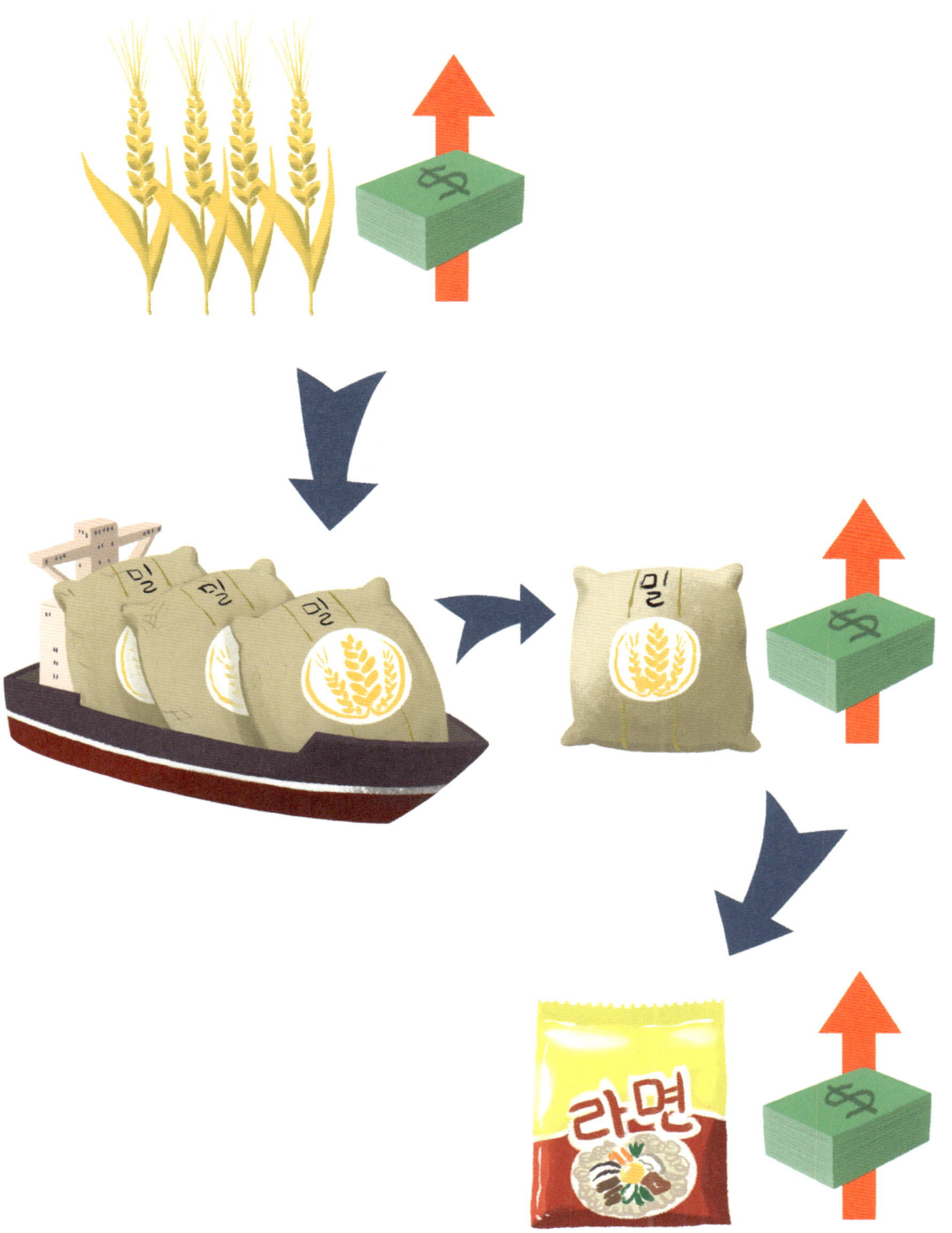

쌀 떨어졌어요

현재 필리핀은 식량 문제로 시련을 겪고 있습니다. 필리핀은 원래 아시아 최대의 쌀 수출국이었어요. 그러나 지금은 정반대로 쌀 수입국으로 전락했습니다. 과거에 농부들은 쌀값이 싸다는 이유로 쌀농사를 거의 포기해 버렸어요. 그래서 지금은 이웃 나라에서 쌀을 수입해서 먹는 처지가 된 거예요.

문제는 쌀이 귀해져 값이 올라도 사서 먹을 수밖에 없다는 것이죠. 그 바람에 쌀이 생활비에서 차지하는 비중이 아주 높아졌어요. 필리핀 국민은 쌀의 노예가 되고 나라는 가난해졌습니다.

식량의 중요성은 남의 나라 이야기가 아니에요. 어느 국가든 자급자족이 되어 있지 않으면 금세 불행한 일들이 들이닥치게 되지요. 소중한 먹을거리의 노예가 되지 않는 길은 오직 미리 준비하는 방법밖에 없습니다. 식량 배가 멈추더라도 자급자족 시스템이 갖춰 있으면 무서울 게 없답니다.

12 미래의 배

선박이 기본적으로 갖춰야 할 세 가지 요소가 있습니다. 물에 뜨는 부양성, 짐을 쌓는 적재성, 안전 항해를 위한 이동성이 그것입니다.

미래의 선박에도 그 세 가지 기능은 똑같이 적용되지요. 거기에 한 가지가 더 추가된다면 복합성입니다. 선박 자체가 여러 가지 일을 수행하거나 아예 새로운 공간으로 거듭나는 것이죠.

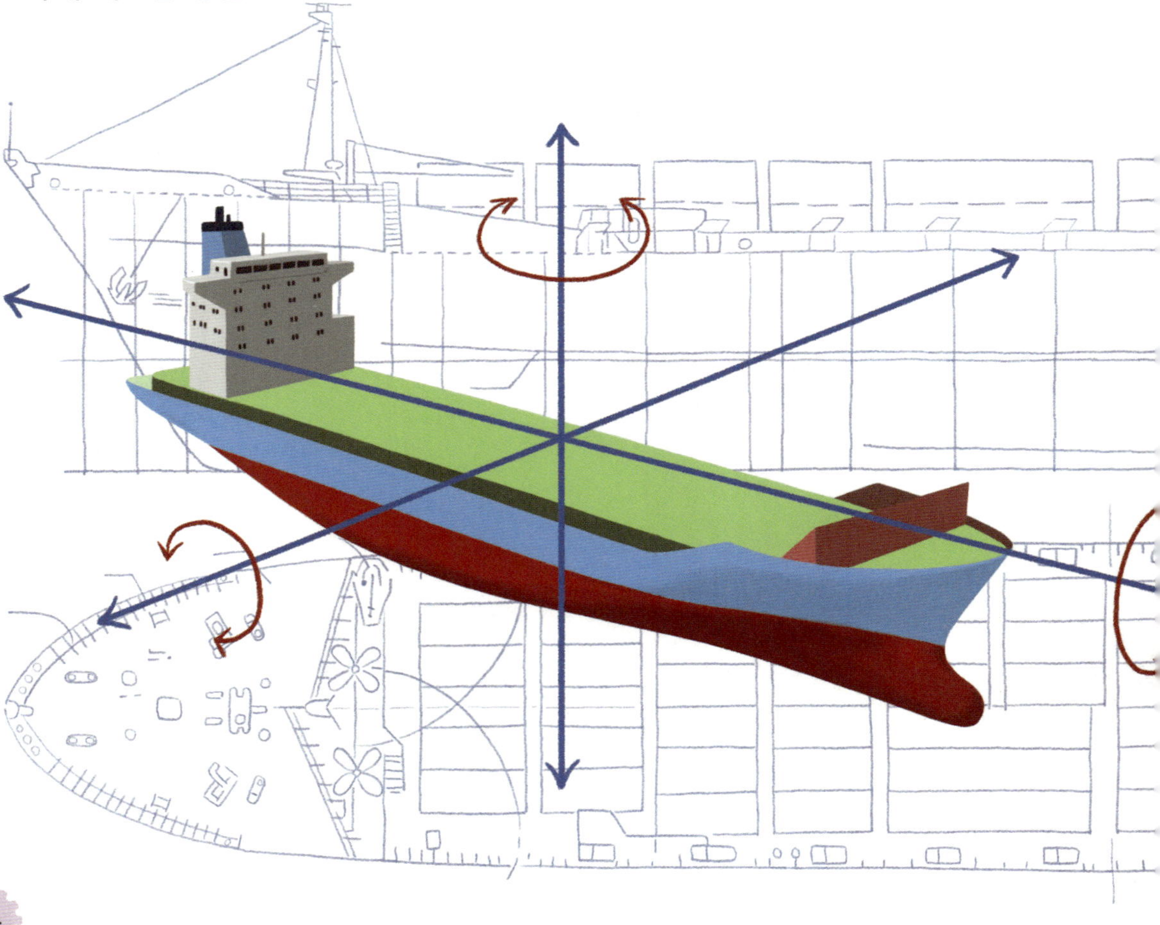

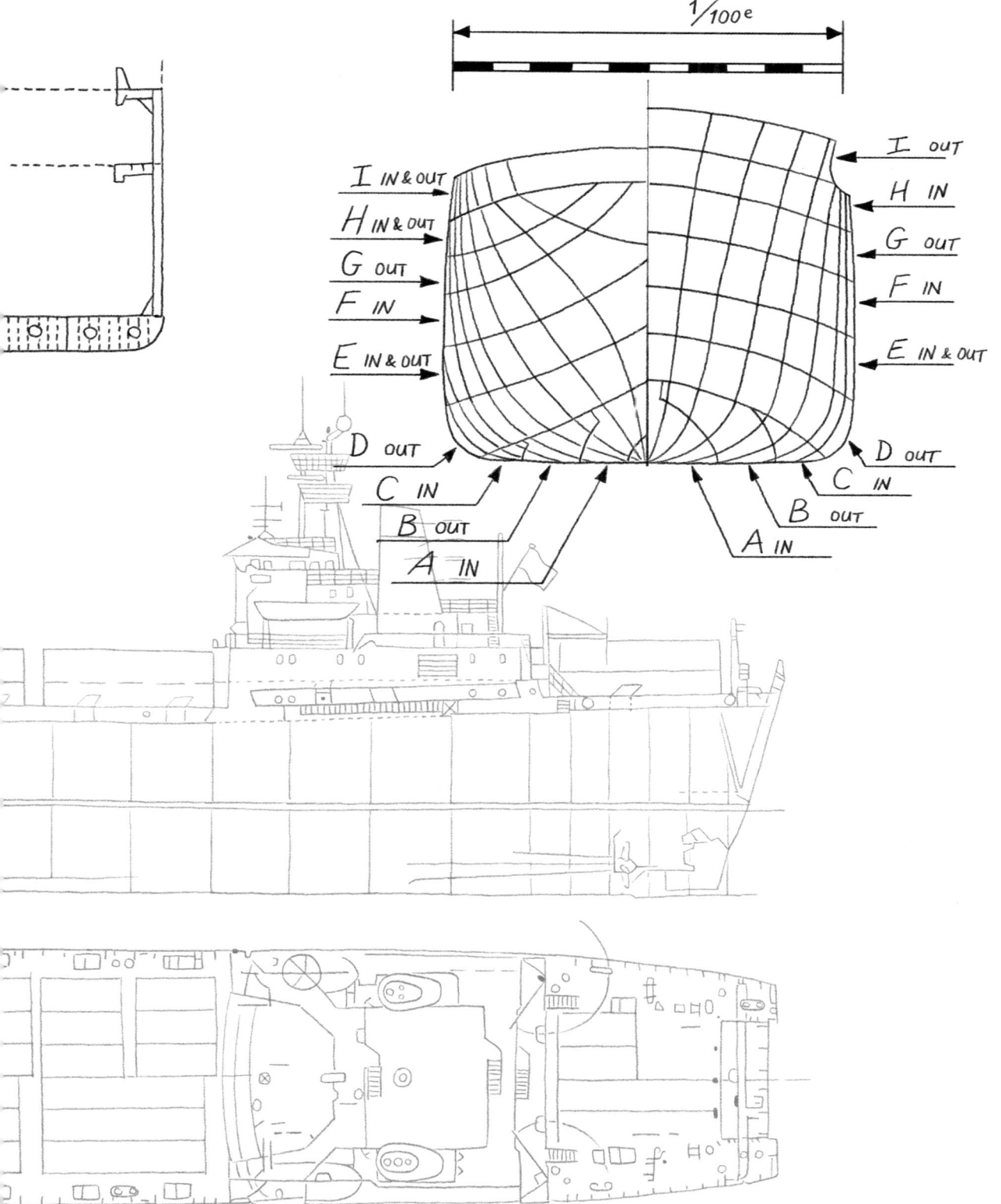

특수선의 발달

시추선은 해저에 파이프를 꽂아 석유를 뽑아 올리는 특수선입니다. 생산된 석유는 유조선에 따로 저장하여 정유 공장으로 보내지요.

근래에는 시추선과 유조선이 하나로 합쳐진 선박이 등장했습니다. 배에서 석유를 뽑아 올리자마자 저장할 수 있는 '부유식 원유 저장 설비'입니다. 앞으로는 정유 시설까지 더해진 선박이 개발될 수도 있습니다. 복합체 선박이 탄생하면 '떠다니는 바다의 정유 공장'이 되는 것이죠.

쇄빙 유조선

쇄빙선은 바다의 얼음을 깨뜨려 항로를 열어 주는 선박입니다. 북극이나 남극의 바다가 얼었을 때 다른 선박들의 길 앞잡이 역할을 하지요. 일반 선박들은 쇄빙선이 터주는 길을 따라 이동하게 됩니다. 이럴 때는 쇄빙선에 대한 대가를 내야 하므로 선박들의 운송비도 비싸집니다. 그래서 개발된 것이 쇄빙 유조선입니다. 유조선에 쇄빙 기능을 적용하여 하나의 배로 두 가지 일을 동시에 처리하는 것이죠. 쇄빙 유조선은 값이 비싸지만, 시간과 효율 면에서 장기적으로 유리합니다. 미래에는 시추 기능이 추가되어 쇄빙 시추 유조선으로 발전될 수도 있답니다.

바다의 여객선

세계를 여행하는 대형 여객선을 크루즈라고 합니다. 현대의 큰 유람선은 20만 톤이 넘고 16층 높이에 객실이 2700여 개나 되지요. 유람선 안에는 수영장, 식당, 카페, 극장, 헬스장 등의 편의 시설이 갖춰져 있습니다.

미래에는 그보다 두 배나 더 큰 크루즈가 등장할 계획입니다. 선박의 최상부는 항공 모함처럼 활주로가 있어 경비행기가 뜨고 내리도록 설계되어 있지요. 창가에는 식물들을 키우는 플랜트 시설이 되어 있어 채소를 길러서 먹을 수도 있습니다. 출퇴근이 필요하지 않은 여행자들은 컴퓨터 하나로 업무를 보며 여행할 수도 있고요. 이것은 먼 미래가 아니라 곧 실현할 수 있다고 해요.

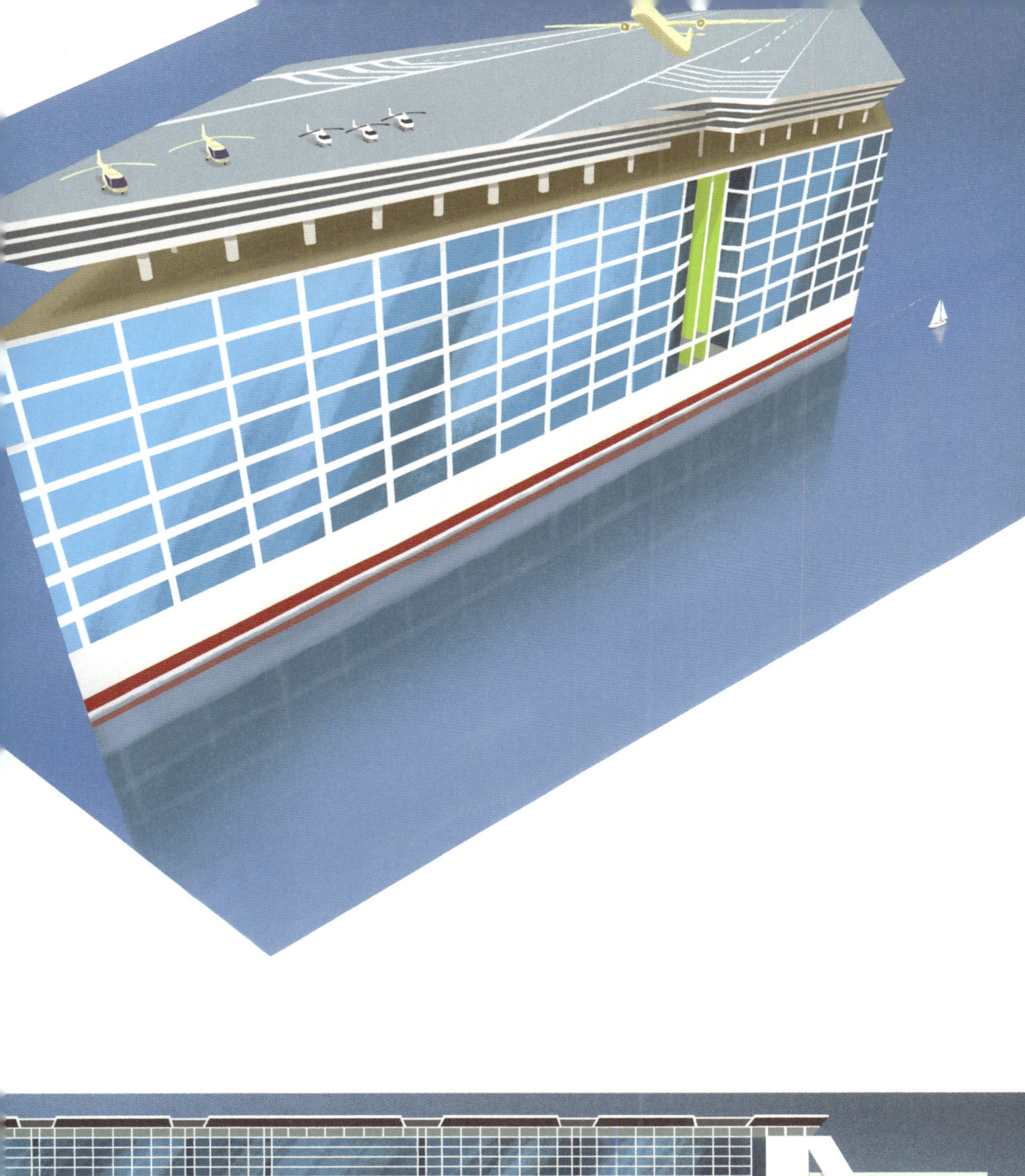

위그선과 잠수정

명작 '걸리버 여행기'와 영화 '아바타'에는 공중에 떠다니는 섬이 나옵니다. 모두 환상적인 내용이지요. 이러한 인간의 상상력은 더 나은 미래를 창조하는 데 긍정적인 면이 많습니다.

하늘과 바다에서 이용 가능한 위그선과 깊은 바닷속을 탐험하는 잠수정은 그러한 배경에서 탄생한 실물이지요. 한층 나아가 미래에는 지름이 100미터쯤 되는 위그 우주선이 탄생할 수 있습니다.

　위그 우주선은 바닥이 유리로 되어 있어 하늘을 날 때는 육지를 구경할 수 있지요. 바다에는 수직으로 착륙하여 바닷속도 들여다보고요. 더 깊은 바다는 위그 우주선 안에 있는 잠수정이나 잠수함을 이용하여 여행할 수도 있습니다. 정말 모험이 가득한 탈것의 개발이 기대되지 않나요?

떠다니는 섬

　최근 과학자들은 공중이 아니라 바다 위에 집을 지으려 연구하고 있지요. 커다란 바지선 위에 섬을 옮겨 놓고 육지처럼 집을 짓는 거예요. 국토가 해수면보다 낮은 네덜란드나 자연재해가 많은 나라에서 대비책으로 개발하고 있답니다. 멋진 정원이 있는 개인들의 수상 가옥도 충분히 가능한 일이에요.

　물론 시간과 비용이 들겠지만, 전혀 허튼 계획은 아니랍니다. 갑자기 지진 등의 자연재해가 닥쳤을 때 육지보다는 바다가 더 안전하다고 합니다.

　미래를 대비하여 여러분의 집 한 척도 설계해 보는 것은 어떨까요? 바다는 육지보다 두 배 이상이 큽니다. 미래에는 우리가 바다를 얼마나 쓸모 있게 활용하느냐에 따라 삶의 질이 달라질 수 있으니까요.

배 관련 상식 퀴즈

01 배를 다른 말로 무엇이라고 하나요?

02 '범선'으로 불리는 돛단배는 인류가 강이나 호수를 더욱 쉽게 건너고, 바다를 새로운 활동 무대로 삼을 수 있도록 도왔어요.
(○ , ×)

03 판옥선은 배 밑바닥이 판판하여 급회전에 유리했고, 거북선은 빠른 돌격선이에요. (○ , ×)

04 배의 속도를 나타내는 단위는 (   )예요.

05 원유를 싣고 다니는 배를 '크루즈 여객선'이라고 해요. (○ , ×)

06 배는 작을수록 화물의 운송 효율이 높고 경제적이에요.
(○ , ×)

07 배를 설계하여 만드는 것을 (   )이라고 해요.

08 배가 뜨는 것은 위에서 중력을 받는 만큼 아래서도 같은 힘의 부력이 작용하기 때문이에요. (○, ×)

09 물체가 뜨려면 물보다 밀도가 작아야 해요. (○, ×)

10 '부력의 원리'를 '아르키메데스의 원리'라고도 해요. (○, ×)

11 세계 4대 문명은 (   )을 끼고 발달했어요.

12 실크 로드는 동양과 서양을 이어 주던 무역과 교역의 교통로입니다. (○, ×)

13 고려 때는 (   )를 통해 중국에 금, 은, 인삼 등을 수출하고 악기, 비단, 서적 등을 수입했어요.

14 대양 항로 개척의 선두 주자는 포르투갈과 스페인이었습니다. (○, ×)

15 메르카토르 해도는 선박이 목적지로 이동할 때 직선 항로로 빠르게 안내합니다. (○, ×)

16 중국의 세계 3대 발명품은 종이, 화약, (   )이에요.

17 동방 항로를 통해 아시아의 향신료가 유럽으로 흘러갔어요.
(○, ×)

18 영국의 엘리자베스 여왕은 스페인에 대항하여 '사나포선'을 운영했어요. (○, ×)

19 영토에 인접하여 나라의 통치권이 미치는 바다를 영해라고 해요.
(○, ×)

20 배는 편리하고, 위험성도 없는 교통수단이에요. (○, ×)

정답
01 선박 02 ○ 03 ○ 04 노트 05 × 06 × 07 조선 08 ○
09 ○ 10 ○ 11 강 12 ○ 13 벽란도 14 ○ 15 ○ 16 나침반
17 ○ 18 ○ 19 ○ 20 ×

배 관련 단어 풀이

선사 시대 문자가 만들어지지 않아 문헌 사료가 전혀 존재하지 않는 시대. 석기 시대와 청동기 시대를 이름.

탈것 기차, 자동차, 비행기, 자전거 등 사람이 타고 다니는 것들.

제국주의 강한 나라가 약한 나라를 침략하여 다스리는 것을 당연하다고 여기는 경향이나 국가 정책.

영해 국가의 주권이 미치는 바다.

이누이트 에스키모. 북극, 캐나다, 그린란드와 시베리아의 북극 지방에 사는 인종.

용골 선박의 중앙 바닥을 받치는 지지대.

갑판 큰 배 위에 나무 따위로 넓고 평평하게 깔려 있는 바닥.

전선 전투나 전쟁을 목적으로 만들어진 배.

스칸디나비아반도 북유럽의 스웨덴과 노르웨이가 차지하고 있는 땅.

정크 중국에서, 연해나 하천에서 사람이나 짐을 실어 나르는 데 쓰던 배.

청해진 통일 신라 흥덕왕 때에, 장보고가 지금의 전라남도 완도에 설치한 군사 기지.

판옥선 조선 시대에, 널빤지로 지붕을 덮은 대표적 전투선.

거북선 임진왜란 때 이순신이 만들어 왜군을 무찌르는 데 크게 이바지한 거북 모양의 철갑선.

임진왜란 조선 선조 25년(1592)부터 31년(1598)까지 두 차례에 걸쳐 우리나라에 침입한 일본과의 싸움.

제임스 와트 영국의 기계 기술자(1736~1819)로, 증기 기관을 개량해서 산업 혁명의 기술적 원인을 만듦.

증기 기관 물을 끓여서 발생하는 수증기가 응축했다가 팽창하는 현상을 이용하여 피스톤을 왕복 운동시킴으로써 힘을 얻는 기관.

내연 기관 증기 기관과 달리, 기관 내부에서 연료를 태워 동력을 얻는 기관.

노트(knot) 배의 속도를 나타내는 단위. 1노트는 한 시간 동안 1해리를 움직인 속도, 곧 1852미터를 달리는 속도. 기호는 kn.

액화 천연가스 엘엔지(LNG). 메탄을 주성분으로 한 천연가스를 압축·냉각하여 액화한 가스.

블록 설계 도면에 따라 자른 철판들을 붙여 만든 커다란 덩어리.

중력 지구 위의 물체가 지구로부터 받는 힘.

부력 뜰힘. 물체를 밀어 올리려는 물의 힘.

부피 넓이와 높이를 가진 물건이 공간에서 차지하는 크기.

독(dock) 선박의 건조나 수리 또는 짐을 싣고 부리기 위해 조선소나 항만 등에 세워진 시설.

유라시아 유럽과 아시아를 아울러 이르는 이름.

빙하기 북반구의 중위도 지역까지 얼음과 눈이 덮였던 시기.

라피타(Lapita)인 태평양의 섬에서 번성하여 수평으로 띠무늬가 있고 오목새김으로 장식된 기하학적 모양의 라피타 도자기 문화를 일으킨 민족.

베링해 북태평양 북부에 있는 바다.

북반구 적도를 경계로 지구를 둘로 나누었을 때의 북쪽 부분.

남반구 적도를 경계로 지구를 둘로 나누었을 때의 남쪽 부분.

교역 나라끼리 물건을 교환하거나 사고파는 행위.

서역 중국을 기준으로 서쪽에 있는 나라들을 통틀어 이르는 말.

페니키아인 기원전 3000년 무렵에 시리아 중부 지방에 도시를 건설하고 살았던 민족.

아라비아 아시아 서남부 페르시아만, 인도양, 아덴만, 홍해에 둘러싸여 있는 지역.

벽란도 황해도 예성강 하류에 있던 고려 시대의 국제 무역항으로, 외국 상인이 많이 왕래함.

바스쿠 다가마 포르투갈의 항해가(1469~1524). 포르투갈 왕의 원조로 리스본을 떠나, 아프리카 남단의 희망봉을 돌아 인도의 코지코드에 도착하여 인도 항로를 개척함.

크리스토퍼 콜럼버스 이탈리아의 탐험가(1451~1506)로, 이탈리아어 이름은 크리스토포로 콜롬보. 대서양을 서쪽으로 항해하여 쿠바, 자메이카, 도미니카와 남아메리카와 중앙아메리카에 도착함.

페르디난드 마젤란 포르투갈의 탐험가(1480~1521). 1519년에 스페인을 출발하여 남아메리카를 순항하면서 마젤란 해협을 발견하고 태평양을 횡단함. 인류 최초의 세계 일주를 완성한 항해의 선단을 이끎.

육분의 배의 위치를 알기 위해 천체와 수평선 사이의 각도를 재는 데 쓰는 기계.

위도 적도를 중심으로 남북으로 얼마나 떨어져 있는지를 나타내는 위치로, 지구 위의 좌표축 중에서 가로로 된 것.

경도 영국 런던의 그리니치 천문대에 그어진 본초자오선에서 동서로 얼마나 떨어져 있는지를 나타내는 위치로, 지구 위의 좌표축 중에서 세로로 된 것.

해도 바다의 상태를 자세히 적어 넣은 항해용 지도.

메르카토르 도법 네덜란드의 지리학자 메르카토르가 원통 도법을 개량한 것으로, 경위선이 직사각형으로 된 정각 도법. 지구 위에서 방위가 일정한 선은 모두 직선으로 표시되는 지도 투영법.

카리브해 바하마, 자메이카, 쿠바 등의 섬나라가 모여 있는 바다.

도버 해협 영국의 동남부와 프랑스의 동북부 사이에 있는 해협. 영국과 유럽 대륙을 연결하는 최단 거리의 물길.

백병전 칼이나 창 등 무기를 들고 적과 직접 부딪혀 싸우는 전투.

산업 혁명 1760년대 영국에서 시작되어 유럽 각지로 파급된 기계의 발명과 기술의 변화, 그리고 그 때문에 일어난 사회와 경제상의 큰 변화.

좌초 고래나 배가 바위 또는 모래톱에 걸려서 꼼짝하지 못하는 상태.

자급자족 필요한 것들을 스스로 생산하여 충당함.

시추선 바다 밑바닥에 구멍을 뚫어 석유 탐사에 쓰는 특수한 배.

바지선 운하, 하천, 항구의 안에서 사용하는, 밑바닥이 편평한 화물 운반선.